U0358578

《国际汉语教师证书》考试 仿真预测试卷

（第一辑）

主编：梁社会　张小峰

编著：（按姓氏拼音顺序排列）

李　茹　陆　云　乔　琪

汪炜健　王　敏　闫　露

北京大学出版社

PEKING UNIVERSITY PRESS

图书在版编目 (CIP) 数据

《国际汉语教师证书》考试仿真预测试卷. 第一辑 / 梁社会，张小峰主编.—北京：北京大学出版社，2017.9
ISBN 978–7–301–28719–4

Ⅰ.①国… Ⅱ.①梁…②张… Ⅲ.①汉语—对外汉语教学—资格考试—习题集 Ⅳ.① H195.3–44

中国版本图书馆 CIP 数据核字 (2017) 第 219105 号

书 名	《国际汉语教师证书》考试仿真预测试卷（第一辑）
	《GUOJI HANYU JIAOSHI ZHENGSHU》KAOSHI FANGZHEN YUCE SHIJUAN (DI-YI JI)
著作责任者	梁社会 张小峰 主编
责任编辑	宋立文 路冬月 王禾雨
标准书号	ISBN 978–7–301–28719–4
出版发行	北京大学出版社
地 址	北京市海淀区成府路 205 号 100871
网 址	http://www.pup.cn 新浪微博：@ 北京大学出版社
电子信箱	zpup@ pup.cn
电 话	邮购部 62752015 发行部 62750672 编辑部 62753374
印刷者	三河市博文印刷有限公司
经销者	新华书店
	889 毫米 ×1194 毫米 16 开本 9.5 印张 200 千字
	2017 年 9 月第 1 版 2023 年 2 月第 6 次印刷
定 价	38.00 元

出版说明

　　本系列丛书是为国家汉办/孔子学院总部主办的《国际汉语教师证书》考试编写的应试辅导用书。

　　《国际汉语教师证书》考试是由孔子学院总部/国家汉办主办的一项标准化考试。考试依据《国际汉语教师标准（2012）》，通过对汉语教学基础、汉语教学方法、教学组织与课堂管理、中华文化与跨文化交际、职业道德与专业发展等五个标准能力的考查，评价考生是否具备担任国际汉语教师的能力。

　　本系列丛书分辑出版，每辑包括三套高仿真模拟试卷、参考答案及精要解析。

　　本系列丛书的编写思路和特点是严格参照最新考试大纲和样卷编写，准确传达考试宗旨、试题形式和出题原则。另外，丛书编著者均为高校国际汉语教学专业一线教师，或其他教学机构《国际汉语教师证书》考试资深培训教师，对历次考试变化和发展趋势有专门的研究和深入的把握，力争通过本套丛书再现最新的考试动态，预测未来考试的特点和发展趋势。

　　本丛书可用于全面复习前或复习过程中的自我预测，从而针对个人具体情况确定复习范围和重点；也可用于考前自测，全面检查复习效果，查漏补缺，从而进行有针对性的考前强化复习；各类培训班也可用本丛书进行模拟考试，以检验教学效果。

　　本书配有在线资源，考生可及时了解考试动态，获得复习及应试指导，并可通过微信群进行复习考试交流。

　　由北京大学出版社设计开发的在线测试系统为广大考生提供了更多便利，可以进行在线自测、模拟考试，提供试题答案及解析，在线答疑指导及诸多个性化的服务。本丛书与在线测试系统互相依托，优势互补，考生可根据个人情况综合利用，可以大大提高学习效率，有助于顺利通过考试。

北京大学出版社

汉语及语言学编辑部

《国际汉语教师证书》考试

仿真预测试卷一

注　意

一、本试卷分三部分：

　　1. 基础知识 50 题

　　2. 应用能力 50 题

　　3. 综合素质 50 题

二、请将全部试题答案用铅笔填涂到答题卡上。

三、全部考试约 155 分钟（含 5 分钟填涂答题卡时间）。

第一部分　基础知识

第 1－7 题

> 日照香炉生紫烟，遥看瀑布挂前川。
>
> 飞流直下三千尺，疑是银河落九天。

1. 这首诗的后两句中出现了多少个音位/a/的变体？
   A. 1 个　　　　　B. 2 个　　　　　C. 3 个　　　　　D. 4 个

2. 上述两句用了什么修辞格？
   A. 对偶和比喻　　　　　　　　B. 对偶和夸张
   C. 夸张和比喻　　　　　　　　D. 比喻和拟人

3. 下列造字法相同的一组是？
   A. 日　看　　B. 下　河　　C. 照　天　　D. 紫　落

4. "瀑布"这两个字的声母在发音上有什么区别？
   A. 发音部位不一样　　　　　　B. 形成和解除阻碍的方式不一样
   C. 声带振动与否不一样　　　　D. 呼出的气流强弱不一样

5. 下列哪个字与"遥"的音节结构一样？
   A. 烟　　　　　B. 尺　　　　　C. 疑　　　　　D. 银

6. "川"的国际音标是什么？
   A.〔tʂʻuan〕　B.〔tʂuan〕　C.〔tɕʻuan〕　D.〔tsʻuan〕

7. 关于"天"的形体演变顺序，下列哪一个是正确的？

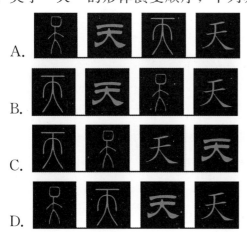

A.

B.

C.

D.

> 我给一位自称头痛的老太太服下了两片①<u>阿司匹林片</u>，又②<u>送了她一个钥匙</u>，挂在布包着的头巾下当首饰。她吞下去我③<u>给</u>的药片还不到五秒钟，就点点头表示头不再疼了，拉住我的手就往她的帐篷走去。

8. 画线部分①包含几个语素，几个音节？

    A. 2 个，5 个　　　　　　　　B. 5 个，5 个

    C. 5 个，2 个　　　　　　　　D. 2 个，2 个

9. 下列哪个词与"首饰"一词的构词类型相同？

    A. 火红　　　　　B. 合成　　　　　C. 年轻　　　　　D. 治理

10. 下列哪一句和画线部分②的句型**不一样**？

    A. 他教过我汉语　　　　　　　B. 谢谢你今天帮助我

    C. 我借了他一百块钱　　　　　D. 阿姨告诉我们明天会停电

11. 下列哪项中的"给"和画线部分③的意义和用法一样？

    A. 她给我一本书和一本杂志　　B. 请把这份材料给他送过去

    C. 衣服我去送给他　　　　　　D. 能给我复印 50 份试卷吗

> 春秋时期，秦国有个叫孙阳的人，因为擅长相马，被称为伯乐。伯乐的儿子把父亲用经验写的《相马经》背得很熟，以为自己也有了认马的本领。一天，伯乐的儿子在路边看见了一只癞蛤蟆。他想起书上说①<u>额头隆起</u>、眼睛明亮、②<u>有四个大蹄子的就是好马</u>。他想："这家伙的额头隆起来，眼睛又大又亮，不正是一匹千里马吗？"于是他去对他的父亲说："我找到一匹千里马，其他条件都符合，③<u>就是蹄子不够大</u>！"伯乐知道儿子很笨，被他气得④<u>笑了起来</u>，说："你找到的马太爱跳了，不能骑啊！"

12. "不够大"和"不能骑"中"不"的调值分别是什么？

    A. 前者是 214，后者是 21　　　B. 前者是 35，后者是 21

    C. 前者是 14，后者是 51　　　　D. 前者是 35，后者是 51

13. 下列哪项和①中的"起"意义一样？

    A. 抬起桌子　　　　　　　　　B. 从何说起

    C. 响起音乐　　　　　　　　　D. 想起那件事

14. 下列关于②中"就是"和③中"就是"的说法哪项正确？

    A. 前者是副词，表加强肯定

    B. 后者是副词，表确定范围，排除其他

    C. 前者"就"是副词，表确定范围，"是"是动词

    D. 后者"就"是副词，表加强肯定，"是"是动词

15. 下列哪项和画线部分④的补语语义类型**不一样**？

    A. 激动得跳起来   B. 读得不错

    C. 病得厉害   D. 听得津津有味

第 16—19 题

    请从 A—F 中选出与空白处对应的一项，其中有两个多余选项。

> （1）伯伯——父亲的哥哥。
>
>   姨娘——母亲的姐妹。
>
> （2）伯伯——［男性］［长一辈］［父系］
>
>   姨娘——［女性］［长一辈］［母系］
>
> （3）伯伯——［＋男性］［＋长一辈］［＋父系］
>
>   姨娘——［－男性］［＋长一辈］［－父系］

    上述过程是 __16__ 的三个步骤。"父亲的哥哥"和"母亲的姐妹"都是 __17__ ，而"男性""长一辈""父系"等都是 __18__ ，其中"长一辈"是 __19__ 。

16. _____

17. _____

18. _____

19. _____

    A. 义素分析法

    B. 区别特征

    C. 构词析义法

    D. 义项

    E. 共同义素

    F. 语义场

第 20—23 题

　　以下是李老师讲授比较句"A 比 B＋形容词"的教案节选：

（1）通过分析天气情况，引出比较句的三种变式。

　　如果"早晨 15℃，中午 25℃"，引出变式Ⅰ：

　　早晨比中午凉多了。/早晨比中午低 10℃。

　　如果"早晨 15℃，中午 20℃"，引出变式Ⅱ：

　　早晨比中午凉一些。/早晨比中午低 5℃。

　　如果"早晨 15℃，中午 17℃"，引出变式Ⅲ：

　　早晨比中午凉（一）点儿。/早晨比中午低 2℃。

　　通过分析例句，归纳比较句变式句型：

　　A 比 B＋形容词＋多了/一些/（一）点/数量补语（板书）

（2）通过调换比较项 A、B 的句法位置提问。

　　如果把"中午"放在前面，怎么比较？

　　引出否定式：中午没有早晨凉。

　　通过分析例句，归纳比较句"A 比 B＋形容词"的否定式：

　　A 没有 B＋形容词

（3）选择上述某一种句型将下列句子改写成比较句。

　　①北京到上海 1500 公里，北京到广州 3000 公里。

　　②第 10 课有 21 个生词，第 13 课有 26 个生词。

　　③他的房间房租一天 5 美元，我的房间房租一天 10 美元。

---

20. 总结比较句的四种句式以及否定式（板书）：

　　基本句型：A 比 B＋形容词

　　变式句型：A 比 B＋形容词＋多了/一些/（一）点/数量补语

　　否定式句型：A 没有 B＋形容词

　　上述这一步骤应什么时候进行？

　　A. 步骤（1）前　　B. 步骤（2）前　　C. 步骤（3）前　　D. 步骤（3）后

21. 这份教案适用于哪种课型？

　　A. 泛读课　　　　B. 口语课　　　　C. 写作课　　　　D. 综合课

22. 该教案中呈现的语法点适合什么水平的学生？

　　A. 初级　　　　　B. 中级　　　　　C. 中高级　　　　D. 高级

23. "哥哥比我一点儿高"和"哥哥比较我高"分别是什么类型的偏误？

　　A. 错序和添加　　　　　　　　B. 替代和添加

　　C. 错序和遗漏　　　　　　　　D. 错序和替代

4

第 24—27 题

　　美国国立卫生研究所说，越来越多的人感到压力很大，而且这种现象逐渐趋于年轻化。要减轻压力，就要先从改变某些生活习惯开始，比如要均衡饮食，适当锻炼，不要吸烟或吸食可卡因，不要过度饮酒。其实压力本身不一定对人有害。美国心理协会用小提琴琴弦的松紧度来比喻压力对人的影响，说："①如果小提琴的琴弦放得太松，琴音就会很低沉；拉得太紧，琴音就会很刺耳，甚至会弄断琴弦。同样，压力可以夺去人的性命，但也可以增加生活的情趣，关键在于你怎样处理压力。"

24. "年轻"和"年青"这两个词是什么关系？
　　A. 同形词　　　B. 异读词　　　C. 异形同音词　　　D. 同形同音词

25. 下列几个外来词中哪个和"可卡因"的类型一样？
　　A. 扑克　　　B. 啤酒　　　C. 浪漫主义　　　D. 卡车

26. 小提琴琴弦的松紧度改变了琴音的什么？
　　A. 音强　　　B. 音长　　　C. 音高　　　D. 音色

27. 画线部分①蕴含的语义关系是什么？
　　A. 顺承　　　B. 因果　　　C. 条件　　　D. 假设

第 28—31 题
　　下面是某教材的一项课后练习：

墙上　挂着　一幅画。	桌上　　　放　　　两本字典 门外　　　停　　　一辆车 院子里　挂　　　很多衣服

28. 这项练习最可能练习的语法点是什么？
　　A. 存现句　　　　　　　　　B. 动宾结构
　　C. 无主语句　　　　　　　　D. 助词"着"的用法

29. 根据例句，下列对该语法点规则的总结哪项正确？
　　A. 处所词＋动词＋助词＋名词（确指）
　　B. 处所词＋动词＋补语＋名词（不确指）
　　C. 处所词＋动词＋助词/补语＋名词（确指）
　　D. 处所词＋动词＋助词/补语＋名词（不确指）

5

30. 下列哪个语法项目适合该阶段的留学生？

    A. 双宾语句   B. 形容词谓语句

    C. 结果补语   D. "把"字句

31. 这种练习方式属于？

    A. 有意义练习   B. 扩展练习

    C. 机械性练习   D. 交际性练习

第 32—36 题

艾　力：妮娜，我刚租了一套房子，这个星期六我想请同学们到我家去玩，你有时间吗？

妮　娜：好啊，我一定去。①<u>你怎么换房子了</u>？你在以前的那个地方才②<u>住了两个月</u>。

艾　力：那个房子离学校太远了，要骑一个小时的车才能到学校。

妮　娜：现在的房子在学校附近吗？

艾　力：是的，就在学校旁边，走路十五分钟就能到。

妮　娜：你租了多长时间？

艾　力：一年。

妮　娜：③<u>你以前的那个房子我挺喜欢的</u>，又大又干净，阳光很好。

艾　力：现在这个房子也很好，你看了也一定喜欢。

妮　娜：好的，怎么去你那儿？几点去？

艾　力：下午三点吧，我到学校大门口接你们。

---

32. 画线部分①中的"了"表示的语法意义是什么？

    A. 语气助词，表示事态已经变化

    B. 语气助词，表示事态将要变化

    C. 动态助词，表示动作行为的完成

    D. 动态助词，表示事情发生在过去

33. 用问答的方式对画线部分①的"了"进行操练，以下提问设计**不恰当**的是？

    A. 昨天苹果 5 块钱一斤，今天 4 块钱一斤，苹果……（便宜了）？

    B. 我们十一点下课，现在十点五十，现在……（快下课了）？

    C. 听说你病了，现在怎么样（好了）？

    D.（展示人物图片）他以前很胖，现在呢（瘦了）？

34. 下列哪项和画线部分②的结构类型一样？

    A. 住了三人   B. 走了一个人

    C. 住了四次   D. 看了三本书

35. 关于画线部分③，下列哪个说法正确？
    A. 是受事性主谓谓语句　　　　B. 是领属性主谓谓语句
    C. 是关涉性主谓谓语句　　　　D. 是周遍性主谓谓语句

36. 加点的地方在会话中被称为什么？
    A. 话对　　　B. 话轮　　　C. 话段　　　D. 语篇

第 37—40 题

> 美国心理学家斯金纳在 20 世纪初用白鼠实验研究行为。他将白鼠放进"斯金纳箱"，白鼠在箱中偶然按压了杠杆，得到了食物；食物强化了白鼠压杠杆的行为，它最终学会了主动压杠杆，得到了食物。

37. 这个实验，体现了斯金纳的什么学习理论？
    A. 顿悟—完形说　　　　　　　B. 尝试—错误学习理论
    C. 操作学习理论　　　　　　　D. 认知—发现说

38. 该学习理论属于哪一流派？
    A. 行为主义学习理论　　　　　B. 人本主义学习理论
    C. 认知学习理论　　　　　　　D. 认知—行为主义学习理论

39. 关于该学习理论的描述，下列哪项正确？
    A. 强调个体作用于环境
    B. 认为学习是突变，着重研究内部心理过程
    C. 认为学习是顿悟和理解的过程
    D. 把学习看作是渐进的过程，着重研究外显的行为

40. 下列哪种做法显示了该学习理论？
    A. 给学生创造轻松和谐的课堂气氛，尽量少纠正学习者的错误
    B. 让学生用游戏、谈话、即兴表演等活动进行解决问题的学习
    C. 反复操练，用模仿、重复、记忆的方法形成习惯
    D. 用演绎法讲授词法、句法，让学习者理解并掌握语言规则

第 41—43 题

> ①良庖岁更刀，割也；族庖月更刀，折也。今臣之刀十九年矣，所解数千牛矣，而刀刃若新发于硎。②彼节者有间，而刀刃者无厚；以无厚入有间，恢恢乎其于游刃必有余地矣！③是以十九年而刀刃若新发于硎。

41. ①处的语气词"也"在表达上有什么作用？
    A. 表示等同　　　B. 强调原因　　　C. 强调类型　　　D. 表示比喻

42. ②处的"间"是什么意思?

    A. 中间   B. 离间   C. 间隙   D. 偷偷地

43. 关于③处的"是以",下列哪个说法是**不正确**的?

    A. "是"是判断动词

    B. "以"是介词

    C. "是以"的意思是"因此"

    D. "是以"是宾语前置结构

第 44—45 题

> 俗话说"一日之计在于晨",早上读书更容易记牢。大脑得到一夜的休息,前一天的疲劳已完全消失,早晨很容易进入兴奋状态,这时背书就比较容易记住。

44. "一日之计在于晨"这句话属于熟语系统中的哪一类型?

    A. 成语   B. 谚语   C. 惯用语   D. 歇后语

45. 从心理学角度来看,早晨读书记忆效果更好的原因是什么?

    A. 倒摄抑制弱   B. 前摄抑制弱

    C. 超限抑制弱   D. 延缓抑制弱

第 46—50 题

以下是一位英语母语的初级留学生写的一篇作文:

> 去年我学习科技在中国,但是学习科技用中文特别难,①所以我问我的中国朋友帮助我。我非常喜欢中文,所以学习很努力。几年因为我的朋友帮助我,我毕业了,最高成绩,因此我的父母特别开心。毕业以后,我想工作在中国,因而学了中文很方便。

46. 文中有几处状语与谓语动词错序的偏误?

    A. 1 处   B. 2 处   C. 3 处   D. 4 处

47. 产生上述偏误的原因可能是什么?

    A. 母语负迁移   B. 简化

    C. 回避   D. 过度概括

48. 画线部分①怎么改最合适?

    A. 所以我问我的中国朋友能不能帮助我

    B. 所以我请我的中国朋友帮助我

C. 所以我请我的中国朋友帮助我学科技

D. 所以我请我的中国朋友给我帮助

49. 下列关于"帮助"和"帮忙"的描述哪个正确？

A. 前者是联合型复合词，后者是动宾型复合词

B. 前者是不及物动词，后者是及物动词

C. 前者没有名词的用法，后者有

D. 前者中间可以插入其他成分，后者不可以

50. 教师应怎样处理学习者的语法错误？

A. 中介语的性质决定了偏误的存在是正常的，教师不必纠正

B. 给学习者大量正确的语言事实，让他们自己发现错误

C. 将病错句的分析作为课堂教学内容的一部分，或开设专门的病错句分析课

D. 重新讲解语法并花大量时间将每一个学习者的错误都分析一遍

第二部分　应用能力

第 51—55 题

　　　学生在学习过程中出现错误是不可避免的，作为教师，应该如何对待学生的错误呢？下面是某孔子学院汉语老师的五个纠错实例。

51. 学生：请给我那件中号的衬衫红色。
　　老师：对不起，请再说一遍。

52. 学生：这件衣服很胖。
　　老师："胖"一般是说人，"肥"一般用在衣服上。

53. 学生：飞 qī。
　　老师：jī，飞机。

54. 老师：请问，你想买什么？
　　学生：我想买一条绿色的裤子。

55. 学生：老师，可不可以说"杯子泼出来了"？
　　老师：不对，"杯子里的水泼出来了"。

请从 A—F 中选出上述几种情况所对应的纠错模式，其中有一个多余选项。

51. ＿＿＿＿＿

52. ＿＿＿＿＿

53. ＿＿＿＿＿

54. ＿＿＿＿＿

55. ＿＿＿＿＿

A. 明确纠正
B. 重铸
C. 提供元语言认识
D. 要求澄清
E. 重复
F. 诱导

第 56—59 题

以下为某汉语教师在精读课中的词语讲练活动。请从 A—F 中选出与每项教学活动相对应的教学方法。其中有两个是多余选项。

56. 讲解"合适":

师:这件衬衫不大不小,怎么样?

生:这件衬衫很合适。

师:这条牛仔裤不长不短,怎么样?

生:这条牛仔裤很合适。

57. 教师展示"衬衫、毛衣、牛仔裤、大衣"等服装的 PPT 图片。

58. 讲练词语"划算":

师:这件毛衣漂亮吗?

生:很漂亮。

师:这件毛衣多少钱?

生:50 元。

师:那这件毛衣便宜吗?

生:很便宜。

师:这件毛衣又漂亮又便宜,我买了,划算不划算?

生:划算。

59. 操练语言点"又……又……":

师:"又……又……"表示并存关系,本文中连接两个形容词,如"又漂亮又便宜"。那我们还能用哪些形容词呢?

生 1:又贵又难看。

生 2:又便宜又好看。

生 3:又美丽又大方。

56. _____
57. _____
58. _____
59. _____

A. 设置情景法

B. 动作演示法

C. 问答法

D. 语素分析法

E. 图片展示法

F. 替换法

以下是《汉语会话 301 句》中的一篇初级口语的教材原文：

玛　丽：你的生日是几月几号？

王　兰：三月十七号。你呢？

玛　丽：五月九号。

王　兰：四号是张丽英的生日。

玛　丽：四号星期几？

王　兰：星期天。

玛　丽：你去她家吗？

王　兰：去，你呢？

玛　丽：我也去。

王　兰：我们上午去，好吗？

玛　丽：好。

60. 口语课上，教师最恰当的讲练比例是：

    A. 1：2　　　　　B. 1：3　　　　　C. 4：6　　　　　D. 3：7

61. 上述教材属于哪种类型？

    A. 话题型教材　　　B. 功能－结构型教材

    C. 课文型教材　　　D. 任务型教材

62. 根据上述教材，下面哪种口语测试的题型**不合适**？

    A. 角色扮演　　　B. 复述　　　C. 讨论或辩论　　　D. 问答

63. 课上，老师给学生布置口语练习任务，让学生互相询问生日，然后再请学生表演。下列教室布置最适合实施这项口语练习活动的是：

A.
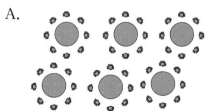

B.

C.
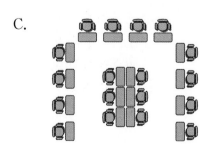

D.
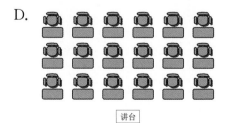

在美国 10—12 岁小学生汉语课堂上钟表的教学，启老师是这么设计的：

（1）与学生问好。

（2）拿出空白钟表和时针、分针，让学生猜猜这是什么，少了什么，带领学生复习数字 1—12，并补全钟表。

（3）教师利用补全的钟表，摆出时间，询问学生"几点"，引出生词"点""分"，PPT 出示汉字、拼音、图片；教师在钟表上摆出当前时间，问学生"现在几点"，引出生词"现在"，PPT 出示汉字、拼音、英文释义。

（4）将学生两两分组，分发教具钟表。一个同学摆钟表，问"现在几点"，另一个学生根据摆出的钟表回答。然后交换角色。教师在黑板上板书："现在几点？——现在……点……分。"

（5）带领学生熟悉句型，进行游戏环节，老师说时间，各小组比赛摆钟表，又快又准确摆好钟表的小组积一分，接下来由获胜的小组说时间，其他小组比赛摆钟表。

（6）布置作业，教师设计一个表格，左边栏是起床、吃早饭、去学校、吃午饭、放学、睡觉的图片，右边栏需要学生根据自己一天的生活填上时间。

64. 案例叙述的最可能是哪种课型的课堂教学？

    A. 听力课   B. 口语课   C. 文化课   D. 阅读课

65. 教师与学生问好，属于哪个课堂步骤？

    A. 导入环节   B. 复习环节   C. 组织教学   D. 操练

66. 教学主管看到启老师的教学设计后，认为课堂活动设计过于简单，启老师可以增加下面哪个课堂活动？

    A. 通过摆钟表，扩展"上午""中午""下午""晚上"，重点让学生学会表达，同时明确"上午 9 点"与"晚上 9 点"表达的不同

    B. 设置听力练习，让学生听录音，第一遍听力，选择听力对应的图片，第二遍听力，选择对应的钟表，第三遍听力，复述完整的一句话

    C. 在教学"点"和"分"的时候，加入身体时钟儿歌，带领学生一边做动作，一边识记时间

    D. 针对生词环节，设置拍生词的游戏，让学生根据老师说出的生词去拍对应的词卡，帮助学生快速记住生词

下面是某汉语教师在美国新墨西哥州立大学主讲的《美国饮食》教案：

环节一：复习已学过的中国食物——汤圆、粽子、米线、油条、饺子、米饭、
面条、豆浆。

环节二：引入美国食物的名称——汉堡包、比萨、可口可乐。

环节三：句型的演示和操练。

(1) 你喜欢吃什么？

我喜欢吃……

(2) 你喜欢喝什么？

我喜欢喝……

(3) ……好吃吗？（好吃/不好吃）

……好喝吗？（好喝/不好喝）

环节四：布置作业

要求学生制作汉字的 flash card，规定"喜欢、吃、喝、好吃、喜欢的食
物"必须制作出卡片。

67. 材料中教师先带领学生学习词汇，让学生通过图片感知、体会、掌握这些食
物词汇，最后学生自然说出本课句型，这种教学模式属于：

A. 演绎法　　　　B. 归纳法　　　　C. 对比法　　　　D. 情景导入法

68. 句型操练过程中，老师发现学生把"吃"和"喝"混淆了："我喜欢吃可口可
乐。""我喜欢喝热狗。"这时老师应该怎么做比较好？

A. 跟学生清楚地解释"吃""喝"的不同，等学生了解清楚"吃、喝"二词
后接着练习

B. 鼓励学生大胆地说，暂时先不纠错，等学生将错误的句子写在作业上再集
体纠正

C. 重复学生的错误，然后告诉他们这样的句子不符合汉语使用规则

D. 让别的学生判断这位学生的句子是否正确，指出错误并纠正

69. 课堂上，华裔学生和美国学生针对"中国食物和美国食物哪个更好吃"产生
了不同意见，双方互不相让，在课堂上大吵起来。这时，老师如何处理比较
恰当？

A. 先静观其变，觉得双方都有各自的道理，顺势举行一个小型辩论会

B. 大声和学生说"stop"，让学生停止继续讨论

C. 告诉他们不同人喜欢不同的食物，要学会尊重别人的选择

D. 布置作业，让学生回去查找资料，比较中国食物和美国食物

70. 这堂饮食学习课引起了学生极大的兴趣，他们纷纷向老师提问。这时学生艾丽提出："老师，你能做饺子给我们吃吗？"老师应该如何回应？

    A. 一口答应，告诉他们下次课就带材料来教室，和学生做中国饺子

    B. 告诉学生如果他们课堂表现好，作业完成好，就带他们包饺子

    C. 推说在美国很难找到做饺子需要的材料，委婉地拒绝

    D. 告诉他们老师也不会做饺子，不过可以买了带给他们吃

第 71—73 题

> 初级听力课实习老师刘老师最近产生了这样的困惑：
>
> 他上课时给学生训练的内容不难，从简单的音节开始，逐渐过渡到词语、句子，难度最大的也只是简单的对话。刘老师觉得选择的听力材料并不难，但他的学生一直和他抱怨语音能辨别，词语也能听出来，可是一到听句子练习就听不懂了，只能听到某个词语就选有这个词语的句子。刘老师一开始坚持一遍又一遍地播放听力录音，可是有些地方学生怎么听都摇头表示不明白，而且一直抱怨累。刘老师急得出了一身汗。

71. 以下单句听力练习方式中，**不恰当**的是：

    A. 重音——给一组句子，学生边听边画出重读部分

    B. 模仿——教师领读或者放录音，学生跟读

    C. 听写——让学生根据听力填写一句简短的话

    D. 填空——根据所听内容完成图表

72. 针对材料中学生的反应，学生可能**不具有**什么能力？

    A. 对词汇语音、语调和节奏的辨析   B. 记忆能力

    C. 综合判断能力   D. 听声辨音能力

73. 刘老师应该如何让学生准确找到需要注意听的地方并让学生能顺利听懂？

    A. 寻找更加简单的听力材料，确保学生能听懂

    B. 听不懂的地方多放几遍，听懂为止

    C. 将听力文本放在 PPT 上展示，重点讲解关键词

    D. 先讲解重点词语和语法，再进行听力练习

下面是罗老师的作文课堂安排：

（1）老师布置写作训练题目：介绍一位你喜欢的明星。

（2）老师组织学生小组活动，说说你知道的明星，鼓励学生多说一些描写人的词语或句子，PPT 展示好词好句。

（3）老师要求学生写出写作提纲，包括外貌特点、喜欢的理由等。

（4）老师在课堂上总结一些语篇衔接的连接成分或典型的句型结构。例如：我之所以喜欢他，是因为……；我喜欢他，有以下几点理由：一是……，二是……，三是……；从他身上，我学会了……

（5）学生尝试写初稿。班上同学传看，要求说出作文中好的语句和不好的地方或修改意见。

（6）教师整理大家的意见，进行总结发言，反馈给作者本人。学生根据老师的反馈对自己的文章进行全面修改，最后成稿。

74. 这堂汉语写作课上，主要运用的写作教学方法是：

A. 模仿写作　　　B. 任务写作　　　C. 过程写作　　　D. 自由写作

75. 罗老师在课堂上把写作分成几个阶段，通过学生之间、师生之间的交流活动，关注学生写作的每一个步骤，从而达到训练学生写作技巧的目的。以下**不属于**写作前期步骤的是：

A. 根据教师布置的写作任务，学生阅读文章、搜集素材

B. 回忆汉语课上相同题材的文章，找出范文参考

C. 教师组织学生就搜集的资料进行课堂讨论

D. 学生对搜集的素材进行筛选，整理成详细的作文提纲

76. 罗老师每次逐字逐句地批改学生的写作作业，下堂课发给学生时，有的学生连看都不看，甚至还把老师的批改部分撕掉。罗老师该如何解决？

A. 巧妙地告诉他们老师很在意学生不礼貌的行为，用真诚感化学生们，慢慢得到学生的尊重

B. 批改作业是老师的义务，不管学生看不看，自己还是好好批改学生的作文

C. 和学生发火，告诉学生这样很不尊重老师，如果学生还是不改变，就再也不批改他们的作业了

D. 私下询问学生为什么撕掉老师批改的部分，是不是觉得老师说的不对，问学生自己对自己的作文的看法

第 77—79 题

> 影响人们文化适应的过程和结果的因素有哪些？跨文化心理学对此有两种理论：一是文化学习理论，二是焦虑处理理论。前者主要从行为的角度来看待文化适应问题，后者则主要从情感的角度来看待文化适应问题。
>
> 综合以上两种理论，祖晓梅《跨文化交际》（2015）将影响文化适应的因素总结为文化距离、个人性格特点、期望值、社交支持和目的文化的知识五个方面。

下列各题所描述的情况分别对应哪种因素？请从 A—E 中做出选择，其中有两个多余选项。

77. 小王作为德国孔子学院的新老师，第一堂课就发生了学生与老师辩论和顶嘴的情况，小王产生了失望甚至愤怒的情绪。

78. 李老师性格腼腆，刚到巴西里约很不习惯，学校老师建议他去参加桑巴狂欢节，感受热情的巴西文化，尽快融入巴西文化。

79. 张老师和孙老师同是汉语教师志愿者，张老师去新加坡赴任，孙老师去瑞典赴任，一个月后，张老师很快适应当地生活，而孙老师还有些吃力。

77. _____

78. _____

79. _____

A. 文化距离
B. 个人性格特点
C. 期望值
D. 社交支持
E. 目的文化的知识

第 80—83 题

以下材料是某大学国际文化教育学院预科生毕业考试的试卷结构。

题型	题型说明	数量	分值
听力	听对话，判断对错或选择正确答案	25	25
写汉字	根据空格所给拼音，完成句子	10	10
（1）	将打乱顺序的一段话正确排列	10	20
阅读理解	读短文，选择正确的答案	20	40
（2）	将打乱顺序的词语组合成完整的句子	10	10
看图写句子	用所给的词语描述图片内容	5	10
作文	根据主题和所给的提示词写一段话	1	20
总计		81	135

80. （1）的题型是_____；（2）的题型是_____。

    A. 连词成句　完成句子　　　　B. 连句成段　完成句子

    C. 句子排序　完形填空　　　　D. 连句成段　连词成句

81. 下表是该学院两个班各 15 名学生的毕业考试的测试成绩：

一班	123	119	98	101	91	88	122	123	109	116
	110	108	103	121	115					
二班	100	90	97	110	122	115	125	120	130	108
	112	103	93	120	105					

    两个平行班成绩的平均值和中位数都是 110，那么这两个班学生的汉语总体水平是否一样？

    A. 一班比二班好　　　　　　　B. 一班和二班一样

    C. 二班比一班好　　　　　　　D. 无法比较

82. 测试内容依据教学大纲，测试目的在于检查学习者的学习进展情况的测试是：

    A. 诊断测试　　　B. 成绩测试　　　C. 水平测试　　　D. 学能测试

83. 效度的核心问题是：

    A. 表面效度　　　B. 内容效度　　　C. 结构效度　　　D. 预测效度

第 84—86 题

    "把"字句的教学：

    （1）教师先通过动作演示来导入，把手里拿着的书放在桌子上，给出关键词"老师""放""书""在桌子上"，然后提问学生："老师做了什么？"根据学生的回答，给出一般语句："老师把书放在桌子上了。"教师根据情况再演示几个动作。

    （2）教师和学生一起归纳这个"把"字句的结构形式：S＋把＋O＋V＋在＋地点/方位（＋了）。

    （3）引导操练。教师提供不同的情况和语境，例如："你的作业在宿舍里，老师让你交作业，你怎么说？""你的朋友想借钱，你的钱在银行，你怎么说？""你的同屋找不到钱包了，你怎么帮他回忆？"

    （4）教师揭示语用规则：首先，"把"后面的宾语发生了位移；其次，动词后一定有其他成分（如地点、结果）；另外，宾语的指代应该明确。

84. 教师的课堂提问是：

    A. 事实型问题　　B. 推理型问题　　C. 开放型问题　　D. 社交型问题

85. 以下关于教师提问方式的叙述，正确的是：

    A. 首要的原则是与学生生活密切相关，让课堂更加贴近生活

    B. 开放性的问题越多越好，让学生充分发挥

    C. 提问后，为了尊重学生，一定要等待学生自己说出答案

    D. 教师的提问要引导学生多说汉语

86. 下面哪项**不是**教师设计课堂活动内容应当遵循的基本原则？

    A. 针对性原则   B. 民主平等原则

    C. 可操作性原则   D. 难易适度原则

第 87—89 题

> 由于对外汉语课堂教学对象的特殊性，即师生之间语言背景和文化背景的差异问题，对外汉语教师在课堂教学中经常会碰到一些难以预料的偶发事件。下面是 3 名国际汉语教师志愿者在教学过程中遇到的部分情况和经验型应对策略。
>
> 87. 孙老师在示范多音字"载"的读音时读错了。他灵机一动，继而转向全班学生提问："老师的读音正确吗？谁可以告诉老师这个字在这里应该怎么读？"学生都争先恐后地举手要回答。
>
> 88. 王老师让学生进行双人对话练习，其中有一组学生没有练习而是在用母语聊天。王老师走到他们身边提醒以后，他们还是说说笑笑，于是王老师让全班同学根据他们的表情猜一猜他们在说什么，学生们纷纷踊跃发言，王老师又问两位同学在说什么。最后王老师带领全班同学一起将他们刚才说的句子说了一遍。
>
> 89. 当学生在课堂上玩手机时，李老师突然手扶额头说："哎呀，老师好难过。"学生问为什么，李老师回答："因为你们都在玩手机呀。"学生们听了，悄悄放下了手机。

上述三个案例中，关于三位老师处理课堂偶发事件采用的应对策略，请你从 A—E 中选择，其中有两个多余选项。

A. 就近提问法
B. 将错就错法
C. 智慧回应法
D. 因势利导法
E. 目光、动作暗示法

87. _____

88. _____

89. _____

第 90－92 题

> "五月五，是端阳；门插艾，香满堂。呷粽子，撒白糖；龙船下水喜洋洋"。5 月 30 日，"中国体彩杯"第十三届中国・东盟国际龙舟邀请赛在广西南宁南湖公园水域举行。来自泰国、印度尼西亚等国家和地区的龙舟队与中国 60 余支民间龙舟队同场竞渡，共同感受中华端午文化。

90. 五月初五端午节这一天，南北方都有吃粽子的习俗，粽子古时又叫：

    A. 米角　　　　B. 米包　　　　C. 角黍　　　　D. 米黍

91. 以下**不属于**端午节传统民俗活动的是：

    A. 画额　　　　B. 赠扇　　　　C. 拴五色线　　D. 踩高跷

92. 屈原诗作中体现的家国情怀与清正高洁的人格魅力，时隔千年，依然能够引起今人的共鸣。以下诗词中哪句**不是**屈原的诗作？

    A. 遂古之初，谁传道之？上下未形，何由考之？

    B. 善禁者，先禁其身而后人

    C. 长太息以掩涕兮，哀民生之多艰

    D. 诚既勇兮又以武，终刚强兮不可凌

第 93－95 题

> 继《舌尖上的中国》掀起中国文化热后，又一部规格高、分量重、内容丰富的文化纪录大片《中国文房四宝》登陆荧屏。该片共分《博采》《造化》《匠心》《时风》《传播》《遗产》六集，以文房四宝的物质属性为基础，从历史、情感、文化、现实四个维度，反映了文房四宝演进的历史脉络、蕴含的丰富情感、厚载的文化传统和纷呈的现实生态。

93. 四大名砚中唯一非石质类砚是：

    A. 广东的端砚　　　B. 安徽的歙砚　　C. 山西的澄泥砚　　D. 甘肃洮砚

94. 文房四宝中的墨，是用什么做的？

    A. 细微的烟雾颗粒　　B. 石青　　　　C. 黑色的矿石　　　　D. 丹青

95. 文房四宝的发明和演进，体现出一个民族在文化认知方面的独特创造，也成就了独树一帜的中国书画艺术。纪录片《中国文房四宝》创作的关键**不在于**：

    A. 文房四宝背后的文化内涵

    B. 中国人独特的审美理想和高超的创造能力

    C. 中国人的愿望追求和精神情怀

    D. 中国社会漫长的变迁过程

中国有句俗话是"五岳归来不看山"。"五岳"来源于中国的五行思想与山岳，以及对山神的崇拜。五岳景色各有特点，受到许多游客的青睐。

96   97   98

99   100

以上中国五大名山分别位于哪个省？请在地图上 A—H 中进行选择，其中有三个多余选项。

96. _____

97. _____

98. _____

99. _____

100. _____

第三部分　综合素质

本部分为情境判断题，共50题。

第101—135题，每组题目由情境及随后的若干条与情境相关的陈述构成。每条陈述都是对情境的一种反应，包括行为、判断、观点或感受等。请先阅读情境，然后根据你对情境的理解，判断你对每条陈述的认同程度，并在答题卡上填涂相应的字母，每个字母代表不同的认同程度。说明如下：

A	B	C	D	E
非常不认同	比较不认同	不确定	比较认同	非常认同

例题：

> 杨老师刚到悉尼的一家孔子学院工作，她的学生都是六七岁的小朋友。在同事的帮助和指导下，杨老师备好了前几堂课。第一次课的内容是向学生们介绍中国的国旗、国徽和国歌。当她在课上播放完《义勇军进行曲》之后，小朋友们都觉得这首歌非常"cool"和"powerful"，要求杨老师教他们唱，这让杨老师十分意外。

面对这种情况，如果你是杨老师，请你给出对下列陈述的认同程度：

1. 答应学生的要求会打乱自己的教学安排，而且作为新老师，开展事先没有准备的教学活动可能会力不从心。

2. 难得学生表现出了对课堂内容的强烈兴趣，应满足他们的要求，并利用这个机会，更深入地介绍中国的国旗、国徽和国歌。

3. 告诉学生之后的课会安排教唱中国国歌，课后向有经验的同事或者领导请教，听取他们的建议。

4. 给学生发放音频资料，让学生利用课余时间自行学习，这样既不打乱教学安排，又能满足他们的要求。

作答示例：若你对第1题的陈述比较不认同，则选择B；若对第2题的陈述比较认同，则选择D；若对第3题陈述非常不认同，则选择A；若对第4题陈述的认同程度介于"比较不认同"和"比较认同"之间，则选择C。各题之间互不影响。

第 101—103 题

> 某大学举行了一场中韩友谊足球赛。比赛过程中，我方球员王明无意中绊倒了对方一位球员，致使其脚部扭伤，不能行走。这时王明立即上前笑着道歉，并表示自己并非有意。对方球员十分生气，而且显得很暴躁。王明见对方仍然很生气，再次面带微笑向其表示歉意。没想到对方球员反而更加愤怒，并大声问道："你笑什么？好笑吗？"

面对这种情况，如果你是王明，请你给出对下列陈述的认同程度：

101. 自己做得没错，对方球员非常不礼貌，不需要再道歉。

102. 找一个韩国球员了解一下他为什么会这么生气，并按照韩国人的方式重新道歉。

103. 对方球员可能由于伤势较重，才导致情绪过于激动，该再次道歉。

第 104—107 题

> 王老师在美国一孔子学院任教。课上，他在讲到"狗"一词的时候，一位叫 Liza 的学生突然说："听说中国人喜欢吃狗肉，真残忍！"

面对这种情况，如果你是王老师，请你给出对下列陈述的认同程度：

104. 这位学生故意捣乱，应该严厉批评。

105. 驳回她的观点，强调中国现在已经没有这种情况了。

106. 说明这只是中国某个地区的风俗，并不是所有中国人都这样。

107. 举法国人喜欢吃蜗牛、青蛙的例子来反驳她的观点。

第 108—114 题

> 孙老师在国内某高校国际学院任教。经过一段时间的学习之后，班里学生的汉语水平逐渐变得参差不齐。为了保证大部分学生的学习任务能顺利完成，孙老师就减少了对学习困难较大的学生的关注，只向他们提问一些简单的问题。但后来发现他们上课的时候完全不听，而是自己查词典学习，孙老师制止他们，他们却说："查词典确实能帮助我。"

面对这种情况，如果你是孙老师，请你给出对下列陈述的认同程度：

108. 既然查词典能帮助到他们，就不再制止这种行为。

109. 让他们课前做这项工作，课上还是要尽量听老师讲解。

110. 禁止他们用词典，告诉他们有不懂的地方随时问老师。

不仅如此，这几个学生经常在课上用英语互相询问，有时汉语水平高一点的学生还会用英语帮他们解释老师讲的内容。而当他们在用英语讨论的时候，其他母语非英语的学生常常无所事事，显得有些不满，这时候孙老师也常常处在一个非常被动的位置。

面对这种情况，如果你是孙老师，请你给出对下列陈述的认同程度：

111. 等他们讨论完再进行下一步的教学，好学生主动帮忙，自己也能轻松点。
112. 制止他们的讨论，并警告他们注意课堂纪律。
113. 让他们说出问题，然后和其他同学一起用汉语讨论。
114. 让他们先记下问题，课后向老师寻求帮助。

第 115－118 题

周老师在澳大利亚教初级班，由于课业较多，学生常以太累为由向周老师提议在课堂上看一部中国电影。周老师觉得初级班还不适合通过电影学习汉语，且现在课程紧张，但学生一再要求，而且周老师也觉得他们很辛苦。

面对这种情况，如果你是周老师，请你给出对下列陈述的认同程度：

115. 答应学生的要求，让他们好好地放松一次。
116. 在完成当天教学任务的前提下，利用空余时间看电影。
117. 将电影片段与相关的教学内容结合起来，边学边看电影。
118. 将看电影作为学习进步的奖励，考得好就给他们看。

第 119－122 题

范明被公司调去法国办事处工作两年。他对这次调任十分兴奋，因为他可以用到以前学的法语，同时也希望能借这个机会多交些当地朋友。工作第一天，范明向同事贝尔纳做了自我介绍，并表示他很高兴来到法国。接着他问贝尔纳是否有小孩，贝尔纳很高兴地告诉他有两个女儿。但是当问到家里其他情况时，贝尔纳开始表现出不愿意继续交谈的样子。

面对这种情况，如果你是范明，请你给出对下列陈述的认同程度：

119. 立即停止关于家庭状况的讨论，并且以后不再主动提及此类话题。
120. 旁敲侧击地询问贝尔纳家中是否有麻烦，表示自己愿意帮忙。
121. 首先告诉贝尔纳自己的家庭状况，让他了解自己后他自然愿意说出他的个人情况。
122. 贝尔纳的反应表示了他不愿意和自己有过于亲近的私人关系。

第 123—127 题

> 　　章老师在泰国某高校教授汉语选修课，每次上课的时间是上午八点半，但很多学生都会迟到，有的甚至迟到半小时以上。章老师发现学生在其他课上也是如此，而且学校里其他老师经常 9 点才去教室，显然老师们对学生的迟到现象习以为常。章老师一再对学生强调考勤的情况直接关系到平时成绩，并且会在最后的总评成绩中占相当大的比例，然而迟到现象依然没有改善。

面对这种情况，如果你是章老师，请你给出对下列陈述的认同程度：

123. 泰国人时间观念较弱，入乡随俗就好。

124. 给予迟到的学生一些适当的惩罚，如作业加倍、表演节目、打扫卫生等。

125. 制定更严格的考勤制度，如迟到 10 分钟即算旷课一节，超过 10 节平时成绩就为零分。

126. 向学校管理层报告这种现象，由校方对学生施加压力。

127. 申请将上课时间推迟半小时，以适应学生的作息时间。

第 128—131 题

> 　　卜老师在国内某高校教授初级阶段预科生的综合汉语。在一次教各地城市中文名称的课上，卜老师为了避免牵扯到政治问题，刻意绕过了台湾，但没想到学生还是主动提到了，并且说台湾不是中国的。卜老师立即强调台湾自古以来就是中国的一部分。然后学生又提到香港和澳门，认为香港和澳门也不是中国的。卜老师强调数次，但由于学生汉语水平有限，仍不接受他的观点，结果让卜老师很失望。

面对这种情况，如果你是卜老师，请你给出对下列陈述的认同程度：

128. 严厉地回击他们的观点，直到他们接受自己的观点。

129. 碰到类似敏感问题直接回避，不作回答和解释。

130. 平时备课时就积累相关资料，课上简洁明了地向学生解释。

131. 为了不在与教学无关的问题上浪费时间，可暂时附和学生的观点以停止争论。

> 　　小钟刚到日本工作，一次和同事川香一起吃饭时，她想夹一块鱼，但鱼肉中间有骨头不容易夹断，她使劲夹了夹也没能把鱼分开。而川香看到这一幕却没有帮她，而是继续吃自己的饭。过了一会儿，川香也遇到了同样的情况，小钟赶紧用干净的筷子帮她分开鱼。没想到川香一脸惊愕地看着她，并收回了筷子，这让小钟感到很疑惑。

面对这种情况，如果你是小钟，请你给出对下列陈述的认同程度：

132. 川香不喜欢饭桌上的这种互相帮助，以后跟她吃饭注意一点。

133. 饭后问她自己哪里冒犯她了，并表示歉意。

> 　　还有一次，小钟和川香出去吃饭时，等了好久菜也没上。小钟有点着急，四下环顾想找服务员催一催，结果还没开口就被川香制止了，小钟对此有些不解。

面对这种情况，如果你是小钟，请你评价对下列陈述的认同程度：

134. 自己可能还没有意识到在日本餐厅吃饭的禁忌。

135. 日本人不喜欢麻烦别人，所以川香不让我找服务员。

　　第 136—150 题，每题由一个情境和四个与情境相关的陈述构成，每个陈述都是对这个情境的一种反应，包括行为、判断、观点或感受等。请先阅读情境，然后根据你对情境的理解，从 ABCD 四个陈述中选出你认为在此情境下最为合适的反应。

第 136 题

> 　　陈老师是赴任丹麦的汉语教师志愿者，他对班里的每个学生都十分负责，也很关注他们的成绩。期末后，有的同学汉语成绩有了很大的进步，陈老师感到很高兴，便把这个好消息告诉在一个办公室的丹麦老师："威廉期中考了 69 分，这次期末考了 90 分！奥利期中 72 分，这次竟然考了 98 分！他们进步真大！"谁知丹麦老师毫不关心，一脸冷漠地离开了。

面对这种情况，如果你是陈老师，请你给出最为合适的选择：

A. 丹麦老师一点都不关注学生的进步，真冷漠。

B. 我以后要谨言慎行，不再和丹麦老师讨论学生成绩了。

C. 成绩一定程度反映了学生的学习状况，我还是应该重视学生成绩，但不再和其他老师讨论。

D. 丹麦老师和中国老师对待学生成绩的态度不同，我应该坚持我的教学理念。

第 137 题

孙老师在老挝一所中学担任汉语教师。他班上的学生小迪经常不写作业。孙老师问他为什么不写，他就以陪家人出去玩、去看亲戚等各种理由辩解。小迪的成绩越来越差。有一天孙老师很生气地对他说："以后作业写不好就不许出去玩，不许去看亲戚！"结果小迪的父母知道了这件事，很生气，还跟学校领导反映说孙老师太不近人情。

面对这种情况，如果你是孙老师，请你给出最为合适的选择：

A. 确实不应该对学生生气，学生不想写就不写吧。

B. 既来之则安之，我也应该适应这种慢节奏的生活，随便学生做不做作业。

C. 家长闹到学校了，我太丢面子了，以后这些差学生我不管了。

D. 到学生家进行家访，向父母解释原因，并希望得到父母的帮助。

第 138 题

小方老师收到一封来自英国同事的邮件，邀请他周末去家里吃饭。看到邮件后，小方老师就开始准备礼物和合适的衣服，但是没有回复邮件。到了周末，小方老师早早就出了门，比约定的时间提前了半个多小时到了同事家。还在准备晚餐的女主人对小方的到来感到非常意外，匆忙接待了他。事后，同事对他颇有微词，觉得他有点失礼。

面对这种情况，如果你是小方老师，请你给出最为合适的选择：

A. 既然是同事邀请我来的，是他自己没有安排好时间，不应该责怪我无礼。

B. 我来得太早了，女主人正在准备晚餐，还没准备好接待我。

C. 主人觉得我没有回复邮件就去他家，生我的气了。

D. 他们不是真心邀请我，是客套话，我却当真了，我真傻。

第 139 题

叶老师在课堂上带学生玩"狼人杀"游戏，扮演"平民"的 Nancy 被狼人"杀"了，于是叶老师告诉全班同学："昨晚 Nancy 被杀了，请 Nancy 留下遗言。"Nancy 听完很不高兴，告诉老师她不想被杀，所以要退出游戏。

面对这种情况，如果你是叶老师，请你给出最为合适的选择：

A. 允许 Nancy 退出游戏，安慰一下她，带着其他同学继续游戏。

B. 告诉 Nancy 这是游戏不是真的，让她不要放在心上，大家继续玩游戏。

C. 向 Nancy 道歉，换一种说法，如 Nancy "out" 了，让 Nancy 继续参与游戏。

D. 该游戏让学生不舒服，停止该游戏，换另一种游戏。

第140题

> Jaya 是一位来中国旅游的斯里兰卡人，来到中国后他首先去了长城，途中遇到同来游玩的小明，两人很聊得来，便结伴而行。游玩结束后，Jaya 邀请小明一起吃饭，小明因为晚上另外有约就摇摇头婉拒了他。可是回到市区，Jaya 又约小明一起吃饭。

面对这种情况，如果你是小明，请你给出最为合适的选择：

A. 既然 Jaya 说了好几次，那我就推掉原来的约会和他一起去吃饭吧。

B. 再次摇头，并告诉 Jaya 自己晚上有约会。

C. 和 Jaya 保持联系，答应他下次一定和他吃饭。

D. Jaya 这个人很奇怪，以后还是和他保持一定的距离。

第141题

> 小张是一名年轻的志愿者，通过了汉办的选拔考试，顺利来到韩国某高校教汉语。她跟一位同事合住在学校的公寓里，由于都是年轻人，情趣相投，很快成为了亲密的好朋友。一次同事买了一件很漂亮的衣服，小张很是喜欢，便问了同事衣服的价格。同事没有回答她，岔开了话题，小张也没再问。后来同事又买了一件很漂亮的衣服，小张又问她价格，同事一开始也没有回答。当小张再问的时候，她答道："你猜。"

面对这种情况，如果你是小张，请你给出最为合适的选择：

A. 同事真小气，连这么点小事都不愿意分享，根本没有把我当朋友。

B. 打破砂锅问到底，我真的很喜欢这件衣服，我也想买一件。

C. 我可能不应该这样问，这是她的隐私。

D. 同事回避我，应该是真的不想告诉我，那我就不再继续问了。

第142题

> 小杨刚来到新西兰工作，一次在办公室里她看到对面一位新西兰的女老师头上戴了一个很漂亮的发饰，她很喜欢，便盯着看了好久。这时新西兰的那位老师感觉到小杨在看自己，生气地问道："你为什么一直这样盯着我？你对我的打扮有意见吗？"说完便径直离开了，小杨一头雾水。

面对这种情况，如果你是小杨，请你给出最为合适的选择：

A. 吃一堑长一智，以后再也不敢随便盯着别人看了。

B. 直接向新西兰老师道歉，解释自己并没有恶意，只是很喜欢她的发夹。

C. 向当地老师询问原因，并恳求老师出面调解。

D. 找到校方负责人，说明缘由，申请调换办公室。

第 143 题

小何是一名刚到坦桑尼亚工作的中国人，为了和当地人处好关系，小何经常帮助他的邻居做一些事情，也经常借给他们一些生活用品。一段时间后，他的邻居们每天都会去他家借东西，从做饭的调料、吃饭的餐具到家用的小型电器，甚至衣服鞋子等等。一次一个邻居家的小孩一天之内借了三次餐具，这让他十分厌烦，便跟小孩说："我自己要用，不能借给你。"结果他的邻居一个月都没有跟他说话。

面对这种情况，如果你是小何，请你给出最为合适的选择：

A. 邻居们太麻烦了，明确拒绝，以后不会再借东西给邻居们了。

B. 远亲不如近邻，要和邻居处理好关系，自己受点委屈不要紧，继续借东西给邻居。

C. 互相帮助也要有底线，告诉邻居他们这么做打扰了自己的正常生活。

D. 以后借东西自己要注意，有些东西可以借，有些东西不可以借。

第 144 题

蒋同学作为一名交换生刚来到埃及。一天，蒋同学正在教室里看书，这时他的一位同学也进了教室，就坐在他对面聊了一会儿天。过了一会儿，这位同学想起回教室是来拿笔的，而笔就在蒋同学的左边，一伸手就能拿到，所以他就让蒋同学帮他拿一下笔。而蒋同学右手握着笔，就顺势用左手拿起同学的笔并递给了他。这时同学立马就不高兴了，一脸嫌弃地看着那支笔，欲言又止地离开了教室。

面对这种情况，如果你是蒋同学，请你给出最为合适的选择：

A. 在中国，这都不是什么大事，我不用放在心上。

B. 不知者无罪，我是想帮助他，不是故意的，他不应该生我的气。

C. 我帮助了他，他还生我的气，真的是太过分了。

D. 我触犯了穆斯林学生的禁忌，我应该向那个埃及学生道歉。

第 145 题

小李在美国留学，一次上完课后他忘记拿自己的帽子，再返回寻找时已看不到帽子的踪影。这个帽子大约 20 美元，于是他在教室外面贴了一张寻物启事。一个美国学生捡到了帽子并还给了他。可第二天小李收到了一张来自学校的罚单，罚款 40 美元，原因是他在学校干净的墙上贴了一张寻物启事，弄脏了墙壁，而告发他的正是那位送还帽子的学生。

面对这种情况，如果你是小李，请你给出最为合适的选择：

A. 我不应该在教室外面粘贴寻物启事，我违反了学校的规章制度。

B. 我没有给那个美国学生感谢费，他报复我。

C. 这个美国学生有礼貌有原则，一定是一个正直的人。

D. 找回帽子，却又被罚款 40 美元，真倒霉。

第 146 题

小玲是泰国一所大学孔子学院的汉语老师。小玲对泰国最深的印象是泰国人很慢，不管做什么，他们都非常散漫。前段时间，学校要办一个汉语专业毕业典礼的活动，老师们有一整个星期的准备时间，但是他们每天都拖拖拉拉，没有什么进展，直到最后一天还没有布置礼堂。小玲非常着急，最后所有的老师不得不一起加班到晚上一点。这让小玲觉得很不满。

面对这种情况，如果你是小玲，请你给出最为合适的选择：

A. 泰国人做事太慢，以后不和他们合作，什么事情都自己处理。

B. 找其他老师沟通一下，希望大家能提高做事情的效率，不要浪费自己的时间。

C. 以后一定要提前安排好进度，并定期催促大家。

D. 入乡随俗，别人安排什么自己就做什么，别人怎么做自己就怎么做。

第 147 题

王强刚到阿根廷一所学校担任汉语老师，对当地还不是特别了解。有一次王强坐火车出门，由于时间很长，火车上也有点热，王强就把外套脱了随手放在座位上。没想到，过了一会儿，列车员就走过来提醒王强请他穿上外套，王强对此非常不理解。

面对这种情况，如果你是王强，请你给出最为合适的选择：

A. 在中国的火车上脱外套是很正常的，不用在意列车员的话。

B. 询问列车员为什么要这样对自己，并告诉列车员车上非常热，穿外套很不舒服。

C. 观察其他乘客是怎么做的，跟着别人的样子做。

D. 接受列车员的建议，穿好外套，注重自己服装的整洁。

第 148 题

> 　　曹老师是美国一所高中孔子课堂的汉语老师。在美国教授汉语一个多月以后，校方收到了好几封家长的投诉信。家长反映在曹老师的汉语课上，学生很少受到表扬。曹老师经常批评学生，而且经常说的是"不对""不是这样""你的这个不好"这样很消极的评语，这样很伤害学生的积极性，学生们都不喜欢汉语课了。但是，曹老师也觉得非常委屈，自己在国内教十多年汉语了，从来没听中国家长反映过这样的问题，为什么美国的家长要这样呢？

面对这种情况，如果你是曹老师，请你给出最为合适的选择：

A. 自己是很有经验的老师，学生就是需要批评才能认真努力，以后继续批评。

B. 向当地老师请教上课应该怎样对学生的行为进行反馈。

C. 以后不再批评学生，只说好听的话、表扬的话。

D. 以后多说表扬学生的话，但是学生犯错了也要批评，注意要以鼓励学生为主。

第 149 题

> 　　汉语志愿者李璐在英国一所小学担任助教，班级里的小孩子都是白皮肤、大眼睛、金色头发，非常可爱。在一次课上，李璐出于喜爱之情，抚摸了一个小女孩儿的脸。可是，几天以后，她被学生家长投诉了，这让她觉得很委屈。

面对这种情况，如果你是李璐，请你给出最为合适的选择：

A. 向家长和学生道歉，以后不再碰学生们了。

B. 向家长解释一下在中国抚摸小孩子的脸很正常，自己只是觉得小孩子很可爱，没有恶意或不好的想法。

C. 不理家长的投诉，自己没有做什么坏事，为什么要道歉。

D. 这个孩子的家长想太多了，让她把孩子换到别的班或者别的学校去。

第 150 题

> 　　于明是刚到亚美尼亚的一位汉语老师，认识了一些当地的朋友，这些朋友都信奉基督教。一天，于明受朋友邀请去朋友家里做客，他看到朋友家里摆放了很多基督教的圣物。虽然于明自己不信奉基督教，但是为了拉近跟朋友的距离，他也学着朋友进行祭拜。但是他的朋友对他这样做很不满意，于明很困惑，不知道是哪里错了。

面对这种情况，如果你是于明，请你给出最为合适的选择：

A. 多了解一些宗教方面的问题，避免再犯这样的错误。

B. 这个朋友一点儿也不理解自己的想法，一点儿也不通人情，以后不做朋友了。

C. 以后去朋友家里谨言慎行，不能犯任何错误。

D. 向这位朋友解释自己这样做的意图，希望朋友可以原谅自己。

《国际汉语教师证书》考试

仿真预测试卷二

注　意

一、本试卷分三部分：

    1. 基础知识 50 题

    2. 应用能力 50 题

    3. 综合素质 50 题

二、请将全部试题答案用铅笔填涂到答题卡上。

三、全部考试约 155 分钟（含 5 分钟填涂答题卡时间）。

第一部分 基础知识

第 1—7 题

请从 A—F 中选出上面汉字所对应的造字法，其中有两个多余选项。

> A. 象形字
> B. 会意字
> C. 指事字
> D. 假借字
> E. 形声字
> F. 转注字

1. _____
2. _____
3. _____
4. _____

5. 请依次判断出图②中"休"字的字体：
   A. 楷体　小篆　金文　甲骨文　　　B. 甲骨文　小篆　金文　楷体
   C. 甲骨文　金文　小篆　楷体　　　D. 甲骨文　楷体　小篆　金文

6. 下面哪个词中"休"的义项与其他三项**不一样**？
   A. 喋喋不休　　　B. 休养　　　C. 休假　　　D. 散马休牛

7. 下面画线字读音正确的是：
   A. 安步当车（dāng）　　　　　B. 气冲斗牛（dòu）
   C. 亦庄亦谐（jié）　　　　　D. 老牛舐犊（shì）

第 8—12 题

| 8 [tʂʻ] | 9 [k] | 10 [tʻ] | 11 [pʻ] | 12 [ɤ] |

请为 8—12 的国际音标选择相对应的描述，其中有一个多余选项。

8. ＿＿＿＿＿

9. ＿＿＿＿＿

10. ＿＿＿＿＿

11. ＿＿＿＿＿

12. ＿＿＿＿＿

A. 双唇音
B. 舌面后元音
C. 低元音
D. 舌根音
E. 舌尖后音
F. 舌尖中音

第 13—16 题

> （小杨来到小苏的房间）
>
> 小杨：你的房间布置得真不错，①<u>就是</u>房子旧了点儿，要是装修一下儿就好了。
>
> 小苏：我也早就想装修，可是想想就头疼。这得花一大笔钱，还不一定能找得到信得过的装修公司。
>
> 小杨：你可以自己动手啊！我家就是我自己利用业余时间装修的。
>
> 小苏：这可是项大工程，一个人怎么②<u>忙得过来</u>呢？
>
> 小杨：慢慢来嘛。你可以好好计划一下，分期分批地干。比如这次粉刷墙壁或贴墙纸，下次油漆地板，再下次改造厨房或者卫生间。
>
> 小苏：③<u>说起来容易，做起来难</u>啊！
>
> 小杨：不难，你可以买几本书，按照书上的图纸和说明干。

13. 下列选项中和①句"就是"用法相同的一项是：

　　A. 你就是说的再好听我也不相信。

　　B. 不管怎么说，他就是不同意。

　　C. 这孩子挺聪明的，就是有点淘气。

　　D. 那家伙就是让人讨厌。

14. 下列选项中的哪一项和②句中的补语类型相同？

　　A. 他办完手续了。　　　　B. 你讲得比较好。

　　C. 你看得懂吗？　　　　D. 我学了三年汉语。

15. ③句属于现代汉语熟语系统中的哪一类型？

　　A. 成语　　　　B. 谚语　　　　C. 惯用语　　　　D. 歇后语

16. 材料中的对话共有多少个话轮？
   A. 3个   B. 5个   C. 7个   D. 9个

第17—23题

秦淮河的水是碧阴阴的；①看起来厚而不腻，或者是六朝金粉所凝么？我们初上船的时候，天色还未断黑，那漾漾的柔波是这样恬静，委婉，使我们一面有水阔天空之想，一面又憧憬着纸醉金迷之境了。等到灯火明时，阴阴的变为沉沉了：黯淡的水光，像梦一般；那偶然闪烁着的光芒，就是梦的眼睛了。我们坐在舱前，因了那隆起的顶棚，仿佛总是昂着首向前走着似的；于是飘飘然如御风而行的我们，看着那些自在的湾泊着的船，船里走马灯般的人物，便像是下界一般，迢迢的远了，又像在雾里看花，尽朦朦胧胧的。这时我们已过了利涉桥，望见东关头了。沿路听见断续的歌声：有从沿河的妓楼飘来的，有从河上船里度来的。我们明知那些歌声，只是些因袭的言词，从生涩的歌喉里机械的发出来的；但它们经了夏夜的微风的吹漾和水波的摇拂，②袅娜着到我们耳边的时候，已经不单是她们的歌声，而混着微风和河水的密语了。于是我们不得不被牵惹着，震撼着，相与浮沉于这歌声里了。从东关头转弯，不久就到大中桥。大中桥共有三个桥拱，都很阔大，俨然是三座门儿；使我们觉得我们的船和船里的我们，在桥下过去时，真是太无颜色了。③桥砖是深褐色，表明它的历史的长久；但都完好无缺，令人太息于古昔工程的坚美。桥上两旁都是木壁的房子，中间应该有街路？这些房子都破旧了，多年烟熏的迹，遮没了当年的美丽。我想象秦淮河的极盛时，在这样宏阔的桥上，特地盖了房子，必然是髹漆得富富丽丽的；晚间必然是灯火通明的，现在却只剩下一片黑沉沉！但是桥上造着房子，毕竟使我们多少可以想见往日的繁华；这也慰情聊胜于无了。过了大中桥，便到了④灯月交辉，笙歌彻夜的秦淮河；这才是秦淮河的真面目哩。

17. 材料中①句是什么问句？
   A. 特指问句   B. 选择问句
   C. 正反问句   D. 是非问句

18. 材料中画线词语"因袭"是什么意思？
   A. 保守   B. 沿用
   C. 抄袭   D. 方言

19. 材料中②句用了哪种修辞手法？
   A. 拟人   B. 排比
   C. 通感   D. 夸张

20. 材料中③句是哪种语义关系？
    A. 递进   B. 让步
    C. 假设   D. 转折

21. 下列选项中跟"灯月交辉"结构类型相同的是：
    A. 爱憎分明   B. 无价之宝
    C. 好为人师   D. 粗心大意

22. 下列选项中注音**有误**的是：
    A. 黯淡（àndàn）   B. 俨然（yānrán）
    C. 袅娜（niǎonuó）   D. 憧憬（chōngjǐng）

23. 材料选自《桨声灯影里的秦淮河》，作者是：
    A. 朱自清   B. 老舍
    C. 沈从文   D. 俞平伯

第 24—27 题

刘月：你上网的时候喜欢做什么？ 赵洋：逛论坛、发微博、找娱乐新闻，有时候也看时事，还有听歌、看电影什么的。另外上网跟爸爸妈妈聊天，不但可以节约很多电话费，而且还可以通过摄像头看见他们的样子。①<u>如果用了耳麦，还可以直接和他们通话，常常一聊就是好几个小时，都不知道要关电脑了。</u> 刘月：是呀，②<u>我也常常跟父母视频聊天，比打电话便宜多了。</u>那每天你要花多长时间上网呢？ 赵洋：大概三四个小时吧。网络的世界丰富多彩，可是还是应该学会自我控制，时间不能太长，不能当"网虫"，影响学习和工作。

24. ①句的复句类型是：
    A. 递进复句   B. 并列复句   C. 因果复句   D. 假设复句

25. 下面对②句的句式描述正确的是：
    A. 连谓句   B. "被"字句   C. "比"字句   D. 双宾句

26. 你认为本课最适合拓展的话题是：
    A. 交通工具   B. 名胜古迹   C. 业余爱好   D. 假期安排

27. 下列词语和"网虫"一词来源相同的一项是：
    A. 月光族   B. 巧克力   C. 社稷   D. 哈达

（小沈和小高是好朋友）

小高：好久不见，你去哪儿玩了？

小沈：医院！①<u>我住了一个星期医院</u>，刚出院。

小高：住院了？什么病？严重吗？

小沈：没什么，上个星期跟朋友去爬山，不小心从山坡上滚下来，摔伤了。

小高：骨折了？

小沈：没有，皮肉受了几处伤，流了很多血。

小高：只是皮肉伤②<u>不至于</u>住院吧？

小沈：可是伤口发炎了，③<u>医生说非住院不可</u>。

小高：现在恢复得怎么样了？

小沈：没问题了，又可以爬山了。

小高：④<u>以后可千万小心点儿吧</u>！

28. 讲解①句时，下列句子可作例句的是：

    A. 我上个星期一去北京了。

    B. 他在上海开了三天会。

    C. 我八点起床去教室上课。

    D. 已经五个小时了，他怎么还没出来。

29. 和②句中"至于"用法相同的一项是：

    A. 至于小王，他就留在公司开会吧。

    B. 平时好好学习，至于考不及格吗？

    C. 他是给我打了电话，至于来不来，我就不能确定了。

    D. 至于昨天发生的事，最好先不提。

30. 与③句中的紧缩句所表关系相同的一项是：

    A. 我不说不痛快。   B. 他不说我也明白。

    C. 老王一吃过晚饭就散步去了。   D. 他一来就没好事。

31. 与④句中的"可"用法相同的一项是：

    A. 他今天可来上班？   B. 你可要说话算数！

    C. 春天来了，可天气还很冷。   D. 这话倒可了他的心了。

32. 与"不小心"中的"不"发音一致的一项是：

    A. 了不起   B. 不习惯   C. 差不多   D. 不客气

北京烤鸭好吃，①<u>这谁都知道</u>。很多外国人刚到北京，就迫不及待地跑到烤鸭店去品尝烤鸭的滋味了。可是有很多人不知道北京烤鸭怎么吃。当服务员把烤鸭、荷叶饼、甜面酱、葱丝等放到桌子上时，他们往往东张西望，看看别人怎么吃，然后<u>照猫画虎</u>地模仿。其实，吃北京烤鸭的方法很简单，把荷叶饼放在手上，②<u>先用葱丝蘸上甜面酱</u>，放在饼的中心，再把切成片的烤鸭也放上去，然后把饼卷起来吃就行了。

拔丝苹果的吃法有些特殊，服务员端上这道菜的时候，会同时端上一碗水。当你用筷子夹起一块苹果时，会拔出很长很长的糖丝，这时要把这块苹果放进水中蘸一下，等糖丝变硬以后再放进嘴里。<u>另外</u>，吃这道菜的时候要抓紧时间，如果不马上吃，过一会儿菜里的糖都变硬了，③<u>想把糖拔成丝都拔不动了</u>。

现在很多人爱吃水煮鱼。第一次看到服务员把一大盆水煮鱼端上桌的时候，你也许会大吃一惊：只见盆里浮着厚厚一层辣椒，却看不到鱼。④<u>这时只要让服务员把上面的辣椒捞出去，就能看到鲜美的鱼片了</u>。

所以，菜好吃，还要会吃。

33. 与①句中"谁"的用法相同的一项是：
    A. 昨天谁去了上海？   B. 天下谁人不识君？
    C. 我想他是在等谁。   D. 这是谁家的孩子啊？

34. ②句中"蘸"的第 17 画是：
    A. 横   B. 竖   C. 点   D. 撇

35. 与③中的"都"用法相同的一项是：
    A. 茶都凉了，你快喝吧。   B. 都是你的错。
    C. 明天我们都去吧。   D. 你都搬不动，我更不行了。

36. 与"照猫画虎"意思相近的一项是：
    A. 照葫芦画瓢   B. 有其父必有其子
    C. 狐假虎威   D. 如影随形

37. ④句属于哪种类型的条件复句？
    A. 充足条件句   B. 必要条件句
    C. 无条件句   D. 假设条件句

38. 材料中画线词"另外"的词性是：
    A. 介词   B. 代词   C. 副词   D. 连词

> 美国语言学家克拉申提出的"输入假说"自问世起便成为二语习得领域最具影响力的理论之一，它激发了人们对二语习得中一些基本问题的深入思考。
>
> 20 世纪 70 年代初，克拉申提出"监控模式"，该模式以"监控假说"为核心；80 年代中叶，克拉申对之进一步扩充修订，形成了"输入假说模式"。在 1985 年出版的《The Input Hypothesis: Issues and Implications》一书中，克拉申进一步论述了"输入假说"理论及其应用。

39. "人们习得语言规则上有一个可以预测的共同顺序，有的先习得，有的后习得"，介绍的是"输入假说"理论中的：
    A. 输入假说　　B. 监控假说　　C. 自然顺序假说　　D. 习得与学习假说

40. 在情感过滤假说中，哪一项**不是**与成功的第二语言习得相关联的情感因素？
    A. 动机　　　　B. 个性　　　　C. 自信　　　　　D. 焦虑

41. 下列选项中关于克拉申"i＋1"理论解释正确的是：
    A. "i"表示学习者现有语言水平
    B. "1"表示所有高出学习者现有水平的内容
    C. 学习者的焦虑感越强越容易习得
    D. "i＋1"有明确的语言输入（数量难易等）标准

第 42—46 题

> 第二语言的获得也是通过刺激—反应—强化而形成习惯的结果。与第一语言习得不同的是：在习得第二语言时，学习者已形成了一整套第一语言的习惯，因此就存在第一语言习惯的迁移问题。两种语言结构特征相同之处产生正迁移，两种语言的差异导致负迁移。

42. 以上理论来自第二语言习得的：
    A. 中介语假说　　　　　　B. 普遍语法假说
    C. 对比分析假说　　　　　D. 输入假说

43. 以上理论的提出者是：
    A. 克拉申　　　　　　　　B. 乔姆斯基
    C. 塞林克　　　　　　　　D. 拉多

44. 这一理论认为第二语言习得的主要障碍来自于：
    A. 目的语的干扰　　　　　B. 第一语言的干扰
    C. 学习策略的影响　　　　D. 学习者自身因素的影响

45. "小王写作业写得很马马虎虎。"这句话产生偏误的原因是：

    A. 过度泛化   B. 文化因素负迁移

    C. 母语负迁移   D. 目的语负迁移

46. 以上理论是下列哪个教学法的理论基础？

    A. 直接法   B. 听说法

    C. 自觉对比法   D. 认知法

第 47—50 题

以下是某教材中的课后练习：

A：他们放着音乐没有？

B：没有放音乐。

| 表演太极拳 |
| 上课 |
| 演节目 |
| 吃冰激凌 |

---

47. "表演"在实际发音中的调值分别是：

    A. 前者是 214，后者是 35   B. 前者是 35，后者是 214

    C. 前者是 214，后者是 214   D. 前者是 35，后者是 35

48. 以上内容最有可能考查的是：

    A. 动词后面加动态助词"着"，表示动作的持续

    B. 动词后面加动态助词"着"，表示状态的持续

    C. "着"用在动词之后做结果补语，表示达到了目的，产生了结果或影响

    D. 用在句中主要动词之前表示行为的方式或伴随情况

49. 下列外来词中哪一个与"冰激凌"属于同一种形式？

    A. 巴士   B. 摩托车   C. 奥林匹克   D. 蒙太奇

50. 下列哪个语法项目适合该阶段的留学生？

    A. 存现句   B. 动词谓语句"我学习汉语"

    C. 特指问句"哪""哪儿"   D. 时间状语和地点状语

第二部分　应用能力

第51—55题

请将语音教学方法与相对应的教学内容进行匹配，从 A—F 中进行选择，其中有一个多余选项。

---

51. 先引导学生发比较容易的 i，然后舌头不动，改变唇形，逐渐缩圆，直至发出下一个音。

52. 给学生分发一些面巾纸，引导学生发音时将纸条垂直在自己面前，使气流将纸条吹起。

53. 让学生先复习 z、c、s 的发音，然后咬住食指，用发 z、c、s 同样的方法发出 zh、ch、sh，感受前后发音的不同。

54. 将五度声调示意图画在黑板上，教学生不同声调的读法，并结合手势，让学生感受声调的高低变化。

55. 让学生先发 sh 音，将 sh 音拉长，唇形和舌位保持不变，振动声带，使声音由清变浊，发出下一个音。

---

51. _____
52. _____
53. _____
54. _____
55. _____

A. 学习汉语声调
B. 练习送气音 p、t、k
C. 学习元音 ü
D. 分辨平、翘舌音
E. 学习 r 的发音
F. 学习元音 e

第 56－60 题

语言测试可以从效度（有效性）、信度（可靠性）等几个方面进行质量评析。以下描述分别对应不同的语言测试评析标准，请从 A－F 中进行选择，其中有一个多余选项。

56. 用于检验一个测试是不是简便、经济、容易操作，特别是评分是不是容易。
57. 检验考试成绩是否能反映受试者的实际水平。
58. 测试的内容和方法是否能测出预定要测量的东西。
59. 在录用人才的选拔性考试中要求较高。
60. 检验一个测试是否符合教学规律，能否给教学以正确的引导，对学生的学习起检查和监督的作用。

56. _____
57. _____
58. _____
59. _____
60. _____

A. 可行性
B. 效度
C. 后效作用
D. 区分性
E. 效标关联效度
F. 信度

第 61－64 题

看图作文。

请注意：（1）题目自定，内容必须包括每一张图。
　　　　（2）文中必须使用给出的词语。
　　　　（3）全部使用汉字，书写要清楚。答题纸上每个方格内只能写一个汉字。
　　　　（4）字数要求：不少于60字。

词语：放学、迷路、感谢

61. 上述写作题最适合学习汉语多长时间的人？
　　A. 1个月　　　　B. 8个月　　　　C. 2年　　　　D. 3年

62. 关于上述写作训练，下列描述**不正确**的是：

 A. 主要任务是组词造句、掌握正确的汉语语序

 B. 应重点强调词汇、语法以及汉字、标点等方面

 C. 可以设计抄写、组词成句、连句成段等基础练习

 D. 可以在扩大词汇量的基础上加强语段练习和语篇练习

63. 关于写作训练，下列描述正确的是：

 A. 写作训练中不必重视标点符号，不用进行标点符号的训练

 B. 写作训练的范文分析一定要精细，可以减少对写作目的和训练重点的要求

 C. 教师布置的任务要和写作训练的重点相互匹配

 D. 写作训练后可以省略分析评讲环节

64. 下列哪种练习内容属于限制性写作表达训练？

 A. 连句成段　　B. 听写词语　　C. 自由演讲　　D. 角色扮演

第 65－69 题

> 现在的人越来越喜欢旅行。那么，您出门时愿意坐火车还是坐飞机呢？大多数人还是习惯坐火车去旅行。因为火车票比飞机票便宜。比如南京到北京的火车票一般要二百多块钱，比飞机票便宜了差不多七百块钱呢。另外，坐火车可以欣赏路上的风景，还可以在车上走走，比较有意思。
>
> 坐飞机也是个不错的选择。飞机比火车快得多，从南京到北京只要一个半小时，比火车快了十个小时。机票虽然比较贵，但是常常打折。如果你提前很长时间订票，他们可能会给你打三折或四折，非常便宜。另外，飞机上的服务也比火车上的好一些。但是飞机也有缺点，它经常晚点，没有火车准时。

65. 这段课文适用于什么阶段的学生？

 A. 初级水平　　B. 中级水平　　C. 高级水平　　D. 无法确定

66. 学习本课生词时，最适合用设置情景法来讲解的是：

 A. 风景　　B. 飞机票　　C. 缺点　　D. 提前

67. 根据本课课文难度，教师应重点讲解的语法项目是：

 A. 喜欢＋动词　　B. 因为……　　C. "比"字句　　D. 非常＋形容词

68. 表格中的内容属于哪种练习类型？

A. 选择
B. 扩展
C. 变换
D. 替换

火车票	比	飞机票	便宜。
他		我	高
今天		昨天	热
这个教室		那个	大

69. 关于汉语语法教学中应注意的问题，下列说法**不太合理**的是：

A. 要设计典型例句、典型练习
B. 多举例句，避免一味抽象地解释语法规则
C. 学生说出一些真实交际中很少使用的例句时，也可以让学生反复练习
D. 尽量设计语境，让学生在恰当而自然的语境中运用语法规则来表达、交际

第 70－73 题

（某汉语教材部分目录）

第一课　问候（一）　你好
第二课　问候（二）　你身体好吗
第三课　问候（三）　你工作忙吗
第四课　相识（一）　您贵姓
第五课　相识（二）　我介绍一下儿
第六课　询问（一）　你的生日是几月几号
第七课　询问（二）　你家有几口人
第八课　询问（三）　现在几点
第九课　询问（四）　你住在哪儿
第十课　询问（五）　邮局在哪儿
第十一课　需要（一）　我要买橘子
第十二课　需要（二）　我想买毛衣
第十三课　需要（三）　要换车
第十四课　需要（四）　我要去换钱
第十五课　需要（五）　我要照张相

70. 结合上述目录判断，这部教材属于什么类型？

A. 课文型　　　B. 话题型　　　C. 文化型　　　D. 功能－结构型

71. 最适合使用这部教材的教学对象是：

A. 在本国已经学习了两年汉语的美国中学生

B. 在中国通过了 HSK 4 级的预科生

C. 陪丈夫来中国但不会汉语的日本太太

D. 澳大利亚一所幼儿园的小班学生

72. 教材学习结束以后，老师想组织一次考试，下列哪种方式最合理？

A. 让学生写一篇 3000 字的学习感受

B. 让学生围绕话题"我在中国的生活"进行 3 分钟的小演讲

C. 让学生做一套 HSK 6 级模拟试题

D. 听写课本中的 10 个生词

73. 关于汉语教材的编写与选用，下列描述中最恰当的是：

A. 学生学习的目的是能用汉语进行交流，可以选用会话教材，只教学生说，不用学习汉字、词汇、语法

B. 教材一般应从基础的语音练习逐步过渡到词汇、语法的学习，词汇、语法的学习也应由易到难、由简到繁、由浅入深

C. 为了帮助学生准备 HSK 考试，选择教材时语法越多越好、越难越好，上课时会话部分可以跳过

D. 广州地区的教师考虑到留学生日常生活需要，可以编写并使用粤语教材，不用教学生普通话

第 74—78 题

请将下列讲解语法的例子与语法教学方法进行匹配，从 A—E 中选择。

74. 教师说："我是老师。你是……？"

    学生答："我是学生。"

    教师说："我是中国人。你是哪国人？"

    学生答："我是韩国人。"

75. 教师指着自己并向学生展示手中的书，在黑板上板书"老师"和"书"；
    教师通过动作演示把书放在桌上，然后在"老师"后面板书"把"，在
    "书"后面板书"放在桌上"。

76. 教师先展示"今天比昨天热""教室比宿舍安静"等"比"字句例句，引
    导学生认读并解释意思，然后启发学生概括出"比"字句的形式结构：
    "A 比 B＋形容词"。

77. 教师先板书图画：⊖⟶，然后板书"走出去""跑出去"；

    教师接着板书图画：⟵⊖⟶，然后板书"走进来""跑进来"。

78. 教师给出"A 被 B＋动词＋其他"的形式结构，然后讲解"苹果被妹妹吃
    了""自行车被同屋骑走了"等例句，再引导学生自己说句子，教师对学
    生说的句子进行评价。

74. _____

75. _____

76. _____

77. _____

78. _____

A. 归纳法

B. 演绎法

C. 动作直观法

D. 图画直观法

E. 情境导入法

14

第 79－83 题

请将下列讲解词语的例子与词汇教学方法进行匹配，从 A－E 中进行选择。

79. 阳光——sunshine；政府——government；化学——chemistry

80. 顺便——去麦当劳买早饭的时候，帮同屋也买一份早饭。

81. 外公——妈妈的爸爸；邻居——在自己家周围住的人

82. 讨厌——不喜欢；反对——不同意

83. 不过——我非常喜欢她，不过她不喜欢我。

79. _____

80. _____

81. _____

82. _____

83. _____

A. 以反释正法

B. 设置情景法

C. 母语对译法

D. 例句释义法

E. 以旧释新法

第 84－86 题

① 教师先用学生母语介绍本课要采用的学习方法，然后一边发指令，一边做示范，如"站起来""坐下""转身"等。教师发指令先让个别学生做，再让全班学生做。

② 教师只发指令，不做示范动作，让学生自己做。先是全班做，再让几名同学做，再让自愿者做。

③ 教师将前后发出的指令结合起来，同时做示范动作，然后发指令让学生做。

④ 教师将前后发出的指令结合起来，但不做示范动作，先让个别学生做，再让全班学生做，并变化指令的顺序，让学生做出反应。

⑤ 教师把指令写在黑板上，每次不超过三个。

⑥ 鼓励能说的学生发指令，让其他学生和老师做动作。

84. 材料中描述的教学过程所对应的教学法流派应该是：

A. 自觉实践法　　　B. 全身反应法　　　C. 自然法　　　D. 交际法

85. 材料中描述的教学过程适合什么课型的教学？

A. 综合课　　　　　B. 汉字课　　　　　C. 作文课　　　　D. 口语课

86. 下列哪一项属于该教学法的**不足之处**？

A. 需要布置舒适优雅的环境，对客观条件要求太高

B. 频繁的表演使学习氛围变得紧张，学生学习压力大

C. 对成人学习的特点重视不够，对教授语言结构缺乏深刻认识

D. 重在培养学生的读写能力，但对学生听说能力重视不够

第 87—89 题

（一）买单

服务员：欢迎光临！二位想吃点什么？

安　达：你们饭店什么菜做得比较好？

服务员：您可以试一试我们这儿的鱼香肉丝，比别的地方好吃多了。

安　达：好的，就来一个鱼香肉丝。再来一个西红柿炒鸡蛋，一个酸菜鱼。

服务员：要不要来点儿啤酒？

安　达：不要了，下午还有事呢。

服务员：主食吃什么？

安　达：两碗米饭。

服务员：您要的是：鱼香肉丝，西红柿炒鸡蛋，酸菜鱼，两碗米饭。

安　达：对，请上菜快一点儿。

（半小时后）

安　达：小姐，买单。

服务员：一共是 56 块。收您 60 块，找您 4 块。欢迎下次光临！

---

87. 根据课文内容，以下导入方式**不太合适**的是：

A. 听写"鱼香肉丝""西红柿""炒""主食""米饭""买单"等生词

B. 观看视频《舌尖上的中国》1 个小时

C. 询问学生在中国饭店吃饭、点菜和结账的经历

D. 展示鱼香肉丝、西红柿炒鸡蛋、酸菜鱼和啤酒的图片

88. 课堂上老师让学生根据课文进行两人对话练习，有一组学生没有进行练习，而是在聊天，下面哪种处理方法效果可能最好？

A. 点名批评学生，狠狠地教训一顿

B. 不管这组学生，让他们继续讲话

C. 询问学生在说什么，巧妙地将聊天内容引入到课堂内容上来

D. 让说话的学生去教室外面，本节课不许进来

89. 下列选项中比较适合作为本课作业的是：

A. 写一篇 800 字的作文

B. 让学生课后调查菜名及价格，下次课上根据调查结果进行会话练习

C. 要求所有学生和老师去中国餐馆吃一顿饭

D. 把每个生词抄写 50 遍

请选择下列四幅书法作品对应的作品名称，在 A—E 中进行选择，其中有一个多余选项。

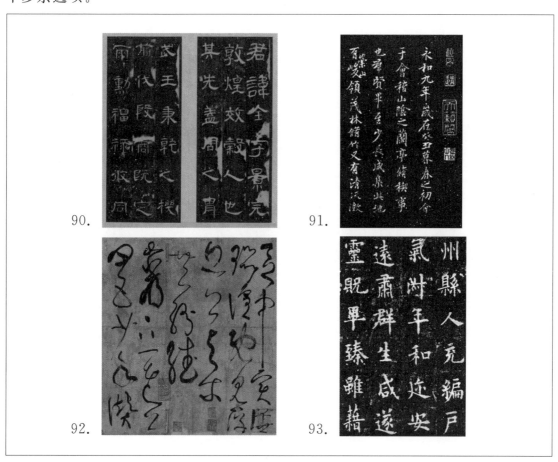

90.

91.

92.

93.

90. ＿＿＿＿＿

91. ＿＿＿＿＿

92. ＿＿＿＿＿

93. ＿＿＿＿＿

A.《九成宫醴泉铭》

B.《兰亭序》

C.《曹全碑》

D.《古诗四帖》

E.《灵飞经》

中国有几千年的饮茶传统，茶是中国古代南方人民对中国饮食文化的贡献，也是中国人民对世界饮食文化的贡献。茶树种植三年就可以采叶子，茶树叶子制成茶叶，泡水后饮用，有强心、利尿的功效。茶圣陆羽在《茶经》中曾说："茶之为饮，发乎神农氏。"三皇五帝时代就有神农以茶解毒的故事流传。中国的茶在西汉时便传到国外。明代郑和下西洋，茶叶也随之传到东南亚和南部非洲各国。明代后期，茶叶通过澳门正式走向世界。

94. 下列选项中**不属于**中国名茶的一项是：
  A. 杭州龙井　　　　　　　　　B. 苏州碧螺春
  C. 云南铁观音　　　　　　　　D. 庐山云雾

95. 历代文人士大夫对适宜煮茶、泡茶的水评定等级，形成了公认的四处"天下第一泉"，其中**不包括**下列哪一项？
  A. 浙江杭州虎跑泉　　　　　　B. 江苏镇江中冷泉
  C. 北京玉泉　　　　　　　　　D. 山东济南趵突泉

96. 茶马古道是中国古代以马或骆驼为运输工具，将茶和马作为商品进行交换流通的交通线路，其主要活动范围是在：
  A. 西北　　　　B. 华北　　　　C. 华东　　　　D. 西南

中国画发端于原始人类对自然万物的审美活动，早在六七千年前，远古先民已经在陶器上用红、黑、白等颜料画出鱼、鹿和各种装饰花纹，表达他们强烈的审美意识。不同时代的中国画不仅能反映当时绘画工具、绘画技术的发展，同时也是一个时代的政治、经济、文化、民族生活的真实写照，对历史、文学、地理的研究都具有重要的参考价值。

97. 中国字画的载体众多，但**不包括**下列哪一项？
  A. 绢　　　　　B. 帛　　　　　C. 镜屏　　　　D. 丝绸

98. 绘画在历代的发展情况不同，下列选项中时代与绘画发展情况描述**不符**的一项是：
  A. 秦代——宫廷壁画大发展
  B. 魏晋南北朝——宗教画兴盛
  C. 唐代——"院体画"形成
  D. 元代——"四君子画"大为流行

99. 下列哪一幅绘画作品中反映了中国历史上一次有名的联姻事件?

　　A.《洛神赋图》　　　　　　　　B.《步辇图》

　　C.《唐宫仕女图》　　　　　　　D.《清明上河图》

100. 下列哪一位是新文化运动以后的著名国画家?

　　A. 徐志摩　　　　　　　　　　B. 李叔同

　　C. 丰子恺　　　　　　　　　　D. 张大千

第三部分 综合素质

本部分为情境判断题，共 50 题。

第 101—135 题，每组题目由情境及随后的若干条与情境相关的陈述构成。每条陈述都是对情境的一种反应，包括行为、判断、观点或感受等。请先阅读情境，然后根据你对情境的理解，判断你对每条陈述的认同程度，并在答题卡上填涂相应的字母，每个字母代表不同的认同程度。说明如下：

A	B	C	D	E
非常不认同	比较不认同	不确定	比较认同	非常认同

例题：

> 杨老师刚到悉尼的一家孔子学院工作，她的学生都是六七岁的小朋友。在同事的帮助和指导下，杨老师备好了前几堂课。第一次课的内容是向学生们介绍中国的国旗、国徽和国歌。当她在课上播放完《义勇军进行曲》之后，小朋友们都觉得这首歌非常"cool"和"powerful"，要求杨老师教他们唱，这让杨老师十分意外。

面对这种情况，如果你是杨老师，请你给出对下列陈述的认同程度：

1. 答应学生的要求会打乱自己的教学安排，而且作为新老师，开展事先没有准备的教学活动可能会力不从心。
2. 难得学生表现出了对课堂内容的强烈兴趣，应满足他们的要求，并利用这个机会，更深入地介绍中国的国旗、国徽和国歌。
3. 告诉学生之后的课会安排教唱中国国歌，课后向有经验的同事或者领导请教，听取他们的建议。
4. 给学生发放音频资料，让学生利用课余时间自行学习，这样既不打乱教学安排，又能满足他们的要求。

作答示例：若你对第 1 题的陈述比较不认同，则选择 B；若对第 2 题的陈述比较认同，则选择 D；若对第 3 题陈述非常不认同，则选择 A；若对第 4 题陈述的认同程度介于"比较不认同"和"比较认同"之间，则选择 C。各题之间互不影响。

张老师在尼日利亚拉各斯做汉语教师，负责当地一所中学的汉语教学工作。张老师上课头一天，就发现学校的操场上跪了好几个学生。张老师觉得很奇怪，就向当地的老师询问原因。当地老师告诉他："这些学生犯了错，管理教师罚他们跪在操场上。"张老师觉得这样的处罚太严厉了，而且伤害学生的自尊心，就向当地管理教师建议，用口头训导代替罚跪。管理教师笑着对张老师说："你们外国老师不会管教学生，他们太顽劣，不这样根本不会听话的。"最终，这些学生跪了一早上。

面对这种情况，如果你是张老师，请你给出对下列陈述的认同程度：

101. 对学生的处罚是尼日利亚当地中学的管理方法，张老师不应该干涉。

102. 尼日利亚当地学校的处罚不符合"以人为本"的教育观念。

103. 张老师应该坚持给当地学校一些合理的教育建议，而不应该放任不理。

104. 中国有"不打不成器""棒下出孝子"的说法，所以当地学校的处罚方式没有问题。

105. 随着社会的发展、时代的进步，民主、自由、平等已经成为时代的主流，以人为本的教育理念更为人们所倡导。

我是一名中国的研究生，去年 9 月在所就读的学校担任汉语助教，我所教授的是入门班。我这个班的学生都是南亚国家的，分别来自巴基斯坦、尼泊尔和孟加拉。

开始上课的时候自己感觉十分顺利，半个月后我发现了一个问题，巴基斯坦的学生从来都不做我布置的课后作业。由于我的课时不够，所以有些内容必须放在课下完成。在他们第三次没有完成作业的情况下，我留下了其中一位汉语水平比较高的学生，问他为什么不写作业。他理直气壮地说，因为他不想写。后来的 15 分钟无论我以何种方式开导、劝说，他就是认为他可以不写。最后我着急了，就告诉他说："如果你不写作业，那么这门课程最后会不及格。"结果他说："如果你一定要我写作业，你就是我的敌人。"谈话不愉快地结束了。

事后我上网查阅了有关巴基斯坦的教育问题，才找到了原因，原来是巴基斯坦的学校课后很少留作业给学生，所以他们没有养成写作业的习惯。后来我试图换一种方法去对待他们。我把课后作业的一部分放在课上完成，只留一小部分给他们课下完成。慢慢还是能够较好地完成教学任务。

面对这种情况，如果你是这位老师，请你给出对下列陈述的认同程度：

106. 对于这种情况，研究生老师应该主动和当地的老师沟通，寻找解决办法。

107. 因为我是中国的老师，那么我的学生必须适应中国的教育方式。

108. 如果我们一味地很强硬地要求他们写作业，反而会扼杀他们对汉语的兴趣。

109. 不管用什么样的方法，最后能够达到学习目标才是最重要的。

110. 我们要积极了解赴任国的教育情况，及时改变自己的教学方法。

Angela 女士是英国某中学的食品技术课任课老师，L 在该中学担任汉语教师志愿者，他们曾一起合作过三次中国饮食文化体验课。第一次上课前一周，Angela 就把课程大纲发给 L，要求 L 也写一份中国饮食课的大纲，并将准备教授的中国菜菜谱附在上面。

L 为这次体验课准备了中国人普通家庭最常见的三道菜，营养、味道都很好，最大的优点是便于操作，学生能很快学会后付诸实践。菜谱是在网上找的，描述得比较详细，L 将菜谱翻译成英文后提交给了 Angela。Angela 仔细阅读了菜谱，提出了如下问题：

1. 食用油一汤匙，是多大尺寸的汤匙？（英国对汤匙的尺寸分类很严格，不同的汤匙用途不一样）

2. 盐适量，到底是多少克盐？

3. 葱姜蒜少许备用，这个少许又是用什么来衡量的？

看到 Angela 的疑问后，L 变得有些茫然。因为 L 在家做饭是从来没想过油、盐、调料等的配比还要用食物电子秤称量，都是凭经验和感觉添加的，即使官方的菜谱甚至星级酒店的菜谱也没有对食材和调料进行严格的定量。中国菜的特点就是这样，即使是同一道菜，不同的人会做出不同的味道来。英国食谱则正好相反，每一道菜的用料都是精确到克，电子秤是做英国菜必不可少的工具，因此只要拥有了同一个菜谱，无论是谁都能做出味道差不多的菜来。

在 Angela 的敦促要求下，L 自己在家又做了一遍这些菜，并将调料用量自己称好记录下来，终于完成了一份符合英国人习惯的英式中国菜谱。而事实证明，Angela 的要求的确非常适合从没有接触过中国菜的英国学生，在定量的食材和调料菜谱的指导下，学生们都做出了比较令人满意的中国菜，有些甚至比中国学生做的还好。

面对这种情况，如果你是 L 老师，请你给出对下列陈述的认同程度：

111. L 老师写的大纲是符合做菜要求的。

112. 中国人做菜就是这么做的，如果外国人想学中国菜，这么做没问题。

113. L 老师不需要对自己的大纲做出修改，只要在做菜时说明情况就行。

114. 中英做菜方法的差异反映出来中英思维方式的差异。

115. 我们在教学中遇到这样的问题时，要积极主动地了解中西方文化差异。

李老师去年在国内某高校任教，教授汉语听说课程，班上的学生常常迟到。刚开始，李老师采用口头批评的方式，告诉他们上课不要迟到，否则不允许参加考试。学生听了以后，上课迟到的情况有了一定的缓解，但是时间一长，还是有学生不来上课，不遵守课堂纪律。

后来李老师问学生迟到的原因，学生说因为学校允许有三分之一的课程缺席，不来上课也可以参加考试，取得考试成绩，所以有学生故意不来上课，或者故意请病假。于是，李老师将缺勤的学生记录下来，允许他们参加考试，但是因缺勤太多，没有给他们成绩。有的学生跑到学校的教务处大吵大闹，说老师不给他成绩，说老师撒谎，学校对此也很头疼。

面对这种情况，如果你是李老师，请你给出对下列陈述的认同程度：

116．李老师遵守了学校的规定，他的做法没有任何问题。

117．李老师在学生违反规定之初就应该严厉批评，并采取相应措施。

118．李老师的做法过于严厉，学生既然来上课了，就应该给他们成绩。

119．学校应该对李老师的做法给予批评，因为他的做法给学校带来了麻烦。

120．学校应该完善相关的制度，对留学生加强教育和管理。

第 121－125 题

张老师是国内某高校的汉语口语老师。在一次口语练习时，班里一名学生说"很多老的男人和女人在我们学校"，张老师告诉他应该是"老头儿"和"老太太"，他改正了过来。下课以后，张老师和这个学生一起去图书馆时，路上遇到了一位老先生。这个学生马上走过去打招呼说："你好，老头儿！"可是那位老先生不仅没有理他，而且狠狠地瞪了他一眼，学生觉得很奇怪。

面对这种情况，如果你是张老师，请你给出对下列陈述的认同程度：

121．当作没有看到发生的事情，继续走路。

122．替学生向老先生道歉，然后离开。

123．给学生解释一下不可以当面称呼老人为"老头儿"，让学生以后注意。

124．上课的时候给其他同学讲一讲这件事，借此让大家了解汉语称呼中的一些问题。

125．为了避免学生用错，以后不教这种称呼语了。

第 126—130 题

黄老师在美国一所中学担任汉语课教师。有一次汉语课结束以后，黄老师布置了抄写汉字的作业。在批阅学生作业的过程中，黄老师发现有的学生写得非常漂亮、工整，有的学生却写得很潦草，甚至有很多错误。下一次汉语课的时候，黄老师把学生们的作业都贴了黑板上，并对大家的作业进行了点评。下课后，有一位学生很不开心，说自己再也不来上汉语课了。

面对这种情况，如果你是黄老师，请你给出对下列陈述的认同程度：

126. 批评他的想法，警告这位学生好好上课，否则考试不会让他通过。

127. 询问该学生对自己的课有什么意见，为什么不想来上课了。

128. 不管这位学生怎么想的，继续按照自己的方法上课。

129. 找别的老师了解一下这位同学，看看是否有什么特殊隐情。

130. 考虑到可能是因为评讲学生的作业让学生生气了，以后再也不在课堂上评讲作业了。

第 131—135 题

李老师在国内某高校担任汉语老师。期中考试时，为了保障公平公正，李老师要求大家把手机和书包都放在讲台上。有一位年纪较大的韩国先生却拒绝按李老师说的那样做，甚至很生气地离开了教室。考试结束以后，李老师发现这位学生在班级微信群里说老师这样做是不相信他们、不尊重他们，如果老师不相信、不尊重他们，那么学生也可以不相信老师，不尊重老师。

面对这种情况，如果你是李老师，请你给出对下列陈述的认同程度：

131. 立即在微信群里向该学生道歉，也向其他同学道歉，并承诺以后不再这样做了。

132. 私下向这位学生道歉，并向他解释这样做在中国是一种习惯，是为了保证考试公平。

133. 这样做在中国是很普遍、很正常的，学生应该接受，所以不用管这位学生说什么。

134. 这位先生倚老卖老，不尊重老师，以后不理他了。

135. 向有经验的老师请教一下自己应该怎么办。

第 136—150 题，每题由一个情境和四个与情境相关的陈述构成，每个陈述都是对这个情境的一种反应，包括行为、判断、观点或感受等。请先阅读情境，然后根据你对情境的理解，从 ABCD 四个陈述中选出你认为在此情境下最为合适的反应。

第 136 题

> 　　林女士是位孔子学院的老师，在德国工作有些日子了。一天，她有机会走进当地的一个小学，去聆听当地老师如何讲课。这里的课堂着实把林女士吓了一大跳，因为他们的课堂经常无纪律可言。学生们上课时讲话的现象非常普遍，有些学生还特别爱在老师讲课的时候"插话"。在跟老师交流后，林女士了解了一些原因。在小学阶段，大多数孩子活泼好动、贪玩、好奇心强，上课时爱说话是天性的表现。为了保护孩子们的天性，鼓励他们表达自己的想法，老师们会宽容地给孩子创造一个轻松的课堂。对讲话太多的孩子，老师会一而再，再而三地提醒，但不会呵斥孩子，怕他们受到惊吓，不敢再开口。中学阶段也是这样的，课堂纪律也会很乱。

面对这种情况，如果你是林女士，请你给出最为合适的选择：

A. 告诉学生老师就是权威，让学生服从老师。

B. 对上课不积极配合的学生给予适当的处罚。

C. 接受德国学校的教育观念，积极改变自己的教学方法，适应新环境。

D. 在课堂管理上采取多种多样的方法，引导学生适应中国式教育。

第 137 题

> 　　A 君被派到智利进行为期一年的汉语教学。到智利不久后，A 君便投入到汉语教学中，很快适应了当地的工作。同学们上课也很配合她，表现得不错。很快到了期中考核，这天 A 君很早到了学校，和当地的一名教师一起监考。考试前半段进行得十分顺利。A 君在教室来回巡视时，当地的老师忽然走到 A 君面前，递给她一张小纸条。A 君打开一看，是个舞弊的小抄，顿时懵了，问道："是谁？"不料，当地老师却答道："这个你不用知道，也不需要知道，我们自己有自己的处理方式。"

面对这种情况，如果你是 A 君，请你给出最为合适的选择：

A. 找出作弊的学生，将他请出教室，停止考试。

B. 听从当地老师的建议，不管了。

C. 让学生继续考试，记下学生的姓名，考完试后不给成绩。

D. 打电话通知家长。

第 138 题

> 刘老师是国际汉语教育专业毕业的，西班牙语水平有限，只会一些简单的上课用语，不能流利地使用西班牙语给学生讲解复杂的语法，于是在课上讲解语法的时候，学生会聚在一起说话。一开始刘老师不知道学生在说什么，但是课后了解到原来是学生没有听懂语法点，他们在用西班牙语和已经学会了的同学交流讨论，在请教已经听懂的同学。这样的现象经常在课堂上出现，学生和老师都表示很无奈，因为老师的西语水平有限，学生不得不在课堂上讨论。

面对这种情况，如果你是刘老师，请你给出最为合适的选择：

A. 避免讲复杂的语法，可以讲一些简单的语法。

B. 汉语教师除了提高自己的外语水平，还应该寻找通俗易懂的讲解方法，让学生听懂。

C. 学生进行讨论时可以让他们讨论好以后再继续上课。

D. 严格管理课堂纪律，不允许学生说话。

第 139 题

> 在美国教汉语的雯雯师姐有一次跟她的学生聊天，他们关系不错，聊得也很开心。突然学生一脸严肃地告诉她，其实一开始接触她的时候，并不觉得她是一名好老师。雯雯师姐觉得很惊讶，因为她一直对学生很友善，上课也从来不随便惩罚学生。后来她的学生解释道，是因为雯雯师姐很多课堂用语说得不恰当。比方说她总是跟学生说："You should..."或是"You'd better...",这在学生看来都是带有很严重的命令语气的词，可是雯雯师姐的用意只是想要表明这里是重点。

面对这种情况，如果你是雯雯师姐，请你给出最为合适的选择：

A. 适当改变自己的教学用语，注意课堂语气。

B. 上课时不再使用相关的语句。

C. 不用改变自己的教学方法，让学生主动去适应。

D. 课堂教学语言多采用直译法，将汉语译为英语。

第 140 题

　　　小欣是一名赴马达加斯加的国际汉语教师志愿者。经过一段时间的马国生活，小欣发现马国人的生活节奏特别慢，尤其是星期天，由于宗教原因都休息，不上班。这让小欣很不能理解，于是她就去问当地人。谁知道当地人说："我们不像中国人一样，只知道赚钱。"听到这样的回答小欣很尴尬，心里想：我们也不是只知道赚钱的啊！

面对这种情况，如果你是小欣，请你给出最为合适的选择：

A. 沉默不语，不做任何解释。

B. 告诉他们中国人的生活方式和价值观念。

C. 表现出对于他们国家文化的不理解和批评。

D. 表现出对于他国文化的尊重，同时也请他们理解我们国家的文化。

第 141 题

　　　被派到老挝的志愿者小刘有一次受邀去当地人家里吃饭。主人拿来一瓶酒和一只酒杯，喝了一杯之后，直接拿给小刘喝，然后又拿来一坛酒，酒坛上插着竹管，让小刘围坛而坐，边谈边喝。小刘很不适应，觉得喝酒还是自己喝自己的比较好。

面对这种情况，如果你是小刘，请你给出最为合适的选择：

A. 拒绝和他们同饮一坛酒，告诉他们这样不卫生。

B. 让他们多拿几个酒杯，每个人分开喝酒。

C. 尊重他们的习俗，和他们用同一个杯子喝酒。

D. 告诉他们自己身体不舒服，不能喝酒。

第 142 题

　　　渤海大学的"HSK 五级考试"安排在了周末，考试的时候，张老师发现布隆迪留学生中几个汉语水平比较高的同学没有来，这让张老师感到奇怪，因为平时他们都是很努力的学生。后来张老师了解到，因为宗教信仰的原因，教义规定周六什么事情都不做，所以这几个学生无法在周末参加考试。

面对这种情况，如果你是张老师，请你给出最为合适的选择：

A. 和学生沟通，要求他们尽量来参加考试。

B. 通知他们必须来参加考试，如果不来取消资格。

C. 学生考不考试是他们自己的意愿，老师不干涉。

D. 批评教育不来考试的同学，并给予处罚。

第 143 题

张静最近在给一个准备 HSK 五级考试的学生做一对一的辅导，每周分别是周三下午和周五下午，共两次。但是这位学生是一位外企的职员，工作非常忙，经常因为临时有会议或者要见客户而不能来上课，总是快上课了突然告诉张静今天不能上课了。这让张静很生气，不仅打乱了张静自己的安排，给他安排的学习计划也一推再推，迟迟不能完成，张静很想告诉他以后不给他辅导了。不过，这位学生每次都会认真完成张静布置的作业，学习的时候也很认真，又让张静很感动。

面对这种情况，如果你是张静，请你给出最为合适的选择：

A. 不教了，让学生工作没这么忙的时候再学习汉语，一心一意地准备考试比较好。

B. 不教了，教这样的学生需要很大的耐心和忍耐力，而且也没有什么成就感。

C. 站在学生的角度考虑问题，体谅学生又要学习又要工作的辛苦，生气了也忍一忍。

D. 和这位学生协商一下，建议他把辅导的时间换到事情比较少的周末。

第 144 题

王老师在古巴哈瓦那大学孔子学院教汉语。王老师个子小小的，长得很漂亮，性格也很活泼开朗。最近王老师发现班上有一位又高又帅的男生上课时总是盯着自己。有一天下课后他竟然告诉王老师，他很想提高自己的汉语水平，觉得找一个中国女朋友是最好的方法，问王老师能不能做他的女朋友。

面对这种情况，如果你是王老师，请你给出最为合适的选择：

A. 答应他，刚好这个学生长得又高又帅，而且自己在这个人生地不熟的地方也很孤独。

B. 不理他，这种事情绝不能成为其他学生的笑柄。

C. 找学校领导投诉这个男生骚扰自己，拒绝他以后来上自己的课。

D. 告诉他自己在中国有男朋友了，而且跟男朋友的感情非常好。

第 145 题

王林在新加坡一所华文中学教授汉语，班级里很多学生都有汉语基础，对汉字也有一定的认识，会书写一些繁体字。王林教汉字，尤其是让学生写汉字时，学生总会问为什么不学习繁体字，还举例说繁体字更好，例如繁体的"愛"比简化后的"爱"更有表意性。

面对这种情况，如果你是王林，请你给出最为合适的选择：

A. 不管学生说什么，继续上课，坚持让学生写简化汉字。

B. 以后上课更多地教学生应该怎么说汉语，尽量少进行汉字的练习。

C. 向学生解释为什么中国有繁体汉字和简化汉字，让学生自己选择写简化汉字还是繁体汉字。

D. 以后不再讲简化汉字了，让学生都写繁体字。

第 146 题

小高是泰国一所学校的汉语志愿者，和小高一起工作的是一位来自台湾的中年男老师。这位男老师是"台独"支持者，言行之中总是讽刺或批评大陆政府和大陆人民，而且对小高也非常不客气，经常在办公室当着其他老师的面批评小高。小高心里非常讨厌这位老师，但是考虑到都是中国人，要以和为贵，而且自己年纪也比较小，只好忍着。

面对这种情况，如果你是小高，请你给出最为合适的选择：

A. 在其他人面前和这位老师和平相处，其他时间不理他。

B. 和这位老师大吵一架，以后再也不合作了。

C. 如果他太过分，要和他理论，不能让他得寸进尺，觉得大陆人都很好欺负。

D. 向校长投诉这位男老师，请求把他调到别的学校或者把自己调到别的学校。

第 147 题

李老师是新西兰一所小学的汉语老师，他班上有一位学生的母亲是一所中学的校长，这位母亲经常要求来听李老师的课。前几次李老师都答应了，但是这位家长听课以后会给李老师提很多意见，甚至告诉李老师她觉得课不应该这样上，按照他们的习惯应该怎样上，让李老师觉得很憋屈。最近这位家长又说要来听李老师的课。

面对这种情况，如果你是李老师，请你给出最为合适的选择：

A. 答应她，她提的要求和建议都按照她说的改正，毕竟她是经验老到的校长。

B. 跟这位家长沟通，告诉她她这样做给了自己非常大的压力。

C. 请这位家长来上一次汉语课，让她知道汉语课不是那么好上的。

D. 自己的课堂自己做主，以后拒绝这位家长来听课，告诉她自己是专业的汉语教师。

第 148 题

> 李想在国内一所高校教汉语。前段时间，学校组织师生一起出去参加了一个"体验中国"的活动，中午老师和学生们要一起吃饭。在这之前，李想还从来没有和外国学生一起吃过饭。刚开始的时候他比较拘谨，不太好意思夹菜。可是慢慢地李想发现学生们一点儿也没有让老师先吃的意思，每次菜一上来就赶紧伸筷子去夹，一顿饭下来，李想根本就没吃到几口。没办法，他只能饿着肚子继续下午的参观。

面对这种情况，如果你是李想，请你给出最为合适的选择：

A. 等吃晚饭的时候，先教育学生们要尊重老师，吃饭的时候让老师先吃。

B. 跟学生们抢，自己也不能饿着肚子。

C. 学生们第一次吃中国菜，所以感觉很新鲜，让着他们，大不了自己再买点别的东西吃。

D. 不再和学生一起吃饭了，叫上其他老师一起单独去吃。

第 149 题

> 杜老师是一位新手老师，这学期刚开始教留学生听力课。杜老师的班上有一个欧美学生，他性格比较活泼，也比较爱说话，对活跃课堂气氛非常有帮助，所以杜老师很喜欢这个学生。但是，这个学生听听力材料的时候也爱说话，每次听到问题时，他就会说"who knows""who cares"或者大声地说出自己的答案，让杜老师很是头疼。

面对这种情况，如果你是杜老师，请你给出最为合适的选择：

A. 这个学生性格活泼，只是想引起老师的关注，不用太在意。

B. 在课堂上直接严厉地批评他，告诉他听听力材料时不能说话。

C. 下课以后找他单独聊一聊，告诉他这样做会影响别的同学，请他不要随便乱说话。

D. 在课堂上开展一次讨论，讨论他这样随便说话好不好，让所有同学都发言。

第 150 题

何老师刚到美国某高校孔子学院做汉语教师。周二上汉语课的时候，有位同学没来，其他学生都说他生病了。为了表示关心，何老师没有提前联系那位同学，下课后直接去他的住处看望他。没想到，学生不仅没有感谢何老师来探望，甚至有点儿生气。

面对这种情况，如果你是何老师，请你给出最为合适的选择：

A. 向学生表达自己的关心，解释自己没有恶意。

B. 再也不理这种不懂感恩的学生了。

C. 工作那么忙，不必计较这种小事情。

D. 向其他人请教自己哪里做得不妥，以后注意。

《国际汉语教师证书》考试

仿真预测试卷三

注　意

一、本试卷分三部分：

　　1. 基础知识 50 题

　　2. 应用能力 50 题

　　3. 综合素质 50 题

二、请将全部试题答案用铅笔填涂到答题卡上。

三、全部考试约 155 分钟（含 5 分钟填涂答题卡时间）。

第一部分　基础知识

第 1－7 题

请从 A－F 中选出上面汉字所对应的造字法，其中有两个多余选项。

A. 象形字
B. 会意字
C. 指事字
D. 假借字
E. 形声字
F. 转注字

1. _____
2. _____
3. _____
4. _____

5. 上图中带问号的字是什么字体？

   A. 金文　　　　　　B. 小篆　　　　　　C. 隶书　　　　　　D. 行书

6. 下列哪句话中的"亦"的义项与其他的**不一样**？

   A. 先君何罪？其嗣亦何罪？

   B. 后之览者，亦将有感于斯文。

   C. 呜呼，亦盛矣哉！

   D. 先生不知何许人也，亦不详其姓字。

7. "祖"在"祖母"一词中的调值为：

   A. 214　　　　　B. 21　　　　　C. 35　　　　　D. 215

（美国学生东方在饭店）

老板：欢迎光临，里面坐。先生你要吃什么？

东方：我要睡觉。

老板：你很累是不是？

东方：我不累，我肚子很饿，我想要吃水饺。请你快点做。

8. 留学生东方的经历说明：

    A. 汉语的声调可以区别意义   B. 汉语的声调可以区别词性

    C. 汉语的声调产生了韵律美   D. 汉语的声调增强了表现力

9. 普通话韵母"ui"的国际音标是：

    A.［ui］   B.［uei］   C.［uai］   D.［uan］

10. 普通话辅音"sh"的发音部位和发音方法是：

    A. 舌尖后、清、擦音   B. 舌尖后、清、塞擦音

    C. 舌尖后、送气、清、塞擦音   D. 舌尖前、清、擦音

11. 下面的音节拼写正确的是：

    A. jī è（饥饿）   B. àimònéngzhù（爱莫能助）

    C. lǐ xiānsheng（李先生）   D. gāngānjìngjìng（干干净净）

12. 下面的音节中都有一个低元音 a，其中音标记为［A］的是：

    A. 包   B. 掰   C. 挖   D. 烟

第 13—16 题

    星期六下午三点，彼得准时来到赵林家。

    看见客人来了，赵林一家人都非常高兴。赵林的父亲握着彼得的手说："欢迎你来我们家，快请到屋里坐。"赵林的妻子杨静连忙去沏茶，儿子立春马上端来了水果，①赵林的母亲跟客人说了几句话就进了厨房，她想请客人尝尝她包的饺子。

    ……

    临走前，彼得对赵林说："今天我很开心，谢谢你。②下次能邀请你来我家吗？"

13. 下列哪项中的"就"与句①中的"就"意义和用法相近？

    A. 李红 16 岁就离开家了。   B. 这件事就你不知道。

    C. 只要认真，就能学好。   D. 他回到家就开始写作业。

14. 关于"马上"和"连忙"的区别，描述**不正确**的是：

A. "马上"既可以表示已经发生的事，也可表示将要发生的事，但"连忙"只能表示已经发生的事

B. "马上"可用于祈使句，而"连忙"不能用于祈使句

C. "马上"可以修饰形容词，而"连忙"不能修饰形容词

D. "马上"和"连忙"都只能修饰行为动词

15. 汉字"准""尝""手"的声母能和（　　）相拼？

①齐齿呼　　②开口呼　　③撮口呼　　④合口呼

A. ①②　　　　B. ②④　　　　C. ①③　　　　D. ③④

16. 下面对句②的句式描述正确的是：

A. 双宾句　　B. 连动句　　C. 主谓谓语句　　D. 兼语句

第17—21题

> 刘江喜欢旅游。今年夏天他和爱人高敏带着儿子去南方旅行。他们到了南京，去了上海，逛了西湖，游了桂林。一家人①玩儿得高兴极了。
>
> 这一天，他们回到北京，来到家门口，刘江一摸衣服口袋说："哎呀，我把钥匙丢了！"儿子说："我走的时候忘了带钥匙了。"
>
> 高敏生气地对丈夫和儿子说："你们男人怎么办事都这样粗心，②不是忘了就是丢了。我跟你们不一样，我既没丢也没忘。""您的钥匙呢？"儿子问。"③我把它放在客厅桌子左边的抽屉里了。"

17. 下列哪项与"这一天"中的"一"在语流中发音一致？

A. 一唱一和　　B. 始终如一　　C. 一鸣惊人　　D. 一路顺风

18. 句②中"不是……就是……"表示什么关系？

A. 让步　　　　B. 承接　　　　C. 选择　　　　D. 并列

19. 从"把"字句的宾语与动词的语义关系来看，下列选项中"把"的宾语与其他选项**不同**的是：

A. 我把钥匙丢了。

B. 他一说话，把观众笑得合不拢嘴。

C. 你把房间打扫一下。

D. 我把它放在客厅桌子左边的抽屉里了。

20. 与"玩儿得高兴"属于同一补语类型的是：

A. 搬得动　　B. 忙得很　　C. 气得脸发青　　D. 洗得干净

21. "敏"的第五笔是：

A. 横　　　　B. 点　　　　C. 横折　　　　D. 竖

第 22－26 题

请选出下列复合词的结构关系类型，在 A—F 中进行选择，其中有一个多余选项。

22. 斗争、质量
23. 年轻、面熟
24. 主席、广播
25. 揭露、说服
26. 烤鸭、聊天

22. _____
23. _____
24. _____
25. _____
26. _____

A. 联合式
B. 偏正式
C. 述宾式
D. 述补式
E. 主谓式
F. 量补式

第 27－31 题

① 南京有六百多万人口，面积是六千五百九十七平方公里。南京有两千多年的历史，是一座很有名的城市。这儿不但有山有水，风景很美，② 而且名胜古迹非常多，比如中山陵、夫子庙什么的，每年都有很多人来参观旅游。南京跟很多大城市一样，一边发展经济，一边保护自己的历史和文化。

③ 如果你问我最喜欢南京的什么，我会回答你：南京的树。南京很多路的旁边都有又高又大的树，到了夏天，南京就变成了一座绿色的城市。走在这些树下，④ 你会觉得很凉快。现在，⑤ 这些树已经成了南京的城市"名片"。

27. 句①中使用了数词和量词使说明更加具体，下面说法**错误**的是：

A. "十"是系数词，也是位数词
B. "公里""座"都属于度量词
C. 量词的语法特点是不单独使用
D. 位数词有时可以单用表示数目

28. 下面与句②中"名胜古迹"结构方式相同的成语是：

A. 镜花水月　　B. 异想天开　　C. 近水楼台　　D. 守株待兔

4

29. 从句式的角度看，句③属于：

    A. 存现句   B. 兼语句   C. 连动句   D. 双宾句

30. 和"觉得"中的"得"读音一样的是：

    A. 办得到   B. 得到   C. 得劲   D. 得注意

31. 句⑤具体使用了哪种修辞格？

    A. 明喻   B. 暗喻   C. 借喻   D. 比拟

第32—35题

> i代表着语言学习者目前的水平，1表示略高于语言学习者现有水平的语言知识。如果学习者现有水平为i，则输入的内容既不是0（低于或接近于学习者现有的水平），也不是2（远远超过学习者的现有水平），能促进他习得的是"i＋1"的输入。

32. 提出该理论的学者是谁？

    A. Swain   B. Krashen   C. Chomsky   D. Michael Long

33. 下列**不属于**该理论的内容是哪一项？

    A. 监控假说   B. 普遍语法假说

    C. 情感过滤假说   D. 自然习得顺序假说

34. 该学者认为人类获得语言的唯一方式是什么？

    A. 潜意识的习得   B. 对信息的理解

    C. 有意识的学习   D. 大量的练习

35. 下列哪一个教学法是以该假说为基础产生的？

    A. 自然教学法   B. 任务教学法   C. 体验式教学法   D. 全身反应法

第36—40题

> 第二语言学习是一个复杂的过程，受诸多因素的影响，且这些因素都具有不确定性。主要可以分为以下三种：语言因素、学习者内部因素、学习者外部因素。了解第二语言习得的影响因素并对这些因素进行合理分析和利用，对于我们提高语言教学效果有重要作用。

36. 下列关于"关键期假说"的说法正确的是：

    A. 该假说由拉多提出

    B. 关键期是指大脑功能向右侧化的时期

    C. 成人主要通过习得的方式获得第二语言

    D. 该假说认为从 2 岁到青春期到来之前为语言学习最佳时期

37. 大卫学习汉语时总是先制定学习目标，经常在课后总结自己所犯的错误，及时改正并反思。请问他采用了哪种学习策略？
   A. 精细加工策略　　　　　　　　B. 认知策略
   C. 元认知策略　　　　　　　　　D. 社会策略

38. 下列描述中属于工具型动机的是：
   A. 学习汉语能让我用汉语从事外贸工作
   B. 学习汉语能够让我了解中国人的文化、习俗和艺术
   C. 学习汉语能让我与说汉语的人交流，结识更多的朋友
   D. 学习汉语能够让我更好地加入中国人的交际圈

39. 乔森在学习汉语过程中表现出较强的听说能力，善于交际，上课十分活跃，但是成绩却很不稳定。由此可以看出，这属于下列哪种认知方式？
   A. 场独立型　　　B. 场依存型　　　C. 审慎型　　　D. 冲动型

40. 日本留学生辨别送气音和不送气音时主要运用的学能是：
   A. 编码解码能力　　　　　　　　B. 语法敏感性
   C. 归纳能力　　　　　　　　　　D. 强记能力

第 41—45 题

　　对比分析是将两种语言的系统进行共时比较，以揭示其相同点和不同点的一种语言分析方法。对比分析作为一种语言分析的方法已有久远的历史。自从有了不同语言间的接触，可以说就有了语言对比。

41. 对比分析的心理学理论基础是什么？
   A. 迁移理论　　　　　　　　　　B. 认知理论
   C. 心灵主义　　　　　　　　　　D. 刺激—反应论

42. 普拉克特提出的"难度等级模式"中"阻碍性干扰"产生于哪一级？
   A. 零级　　　　B. 一级　　　　C. 四级　　　　D. 五级

43. 对比分析大体按照以下哪个顺序进行？
   ①描写　　②选择　　③对比　　④预测
   A. ②①③④　　B. ④②①③　　C. ④②③①　　D. ①②③④

44. 下列都是以英语为第一语言的学习者给出的句子，其中属于"正迁移"的是：
   A. 那个鸡很胖。　　　　　　　　B. 我学习法语。
   C. 他想结婚她。　　　　　　　　D. 请你把这本书送到王老师。

45. 下列哪一个**不是**对比分析假说的意义？
    A. 使人们对语言现象的描写和研究以及对语言特征的了解更为深入
    B. 发现了学生学习的难点，揭示了教学的重点，加强了教学的针对性
    C. 对第二语言学习者可能遇到的难点和产生的错误有一定的预测性
    D. 进行了目的语和学习者母语的对比，不涉及学习者实际语言表现

第 46—50 题

> 材料一：有些词古今词义不变，如山、水、雷、雪、母、弟、心、耳等。而很多词古今词义存在差异，即古今异义词，有一些本来是不同的词，而古代和现代用相同的字记录，因而该字的古义和今义迥然不同。古今词义不同主要表现在以下三方面：词义范围、词义感情色彩、词义程度轻重。
>
> 材料二：《左传·僖公三十年》："若舍郑以为东道主，行李之往来，共其乏困。"
>
> 材料三：《尔雅·释虫》："有足谓之虫，无足谓之豸。""虫"是古代对动物的总称，后来专指昆虫。

46. 材料二，"行李之往来"中的"行李"指什么？
    A. 外交使节　　　　　　　　B. 出行时携带的东西
    C. 商人　　　　　　　　　　D. 粮草物资

47. 下列与材料三中的古今词义变化类型相同的是：
    A. 睡：打盹—睡觉　　　　　B. 臭：气味—臭味
    C. 恨：遗憾—仇恨　　　　　D. 涕：眼泪—鼻涕

48. 下列各句中画线部分的词语从古义过渡到今义，感情色彩由贬义变为褒义的是：
    A.《后汉书·韦彪传》："锻炼之吏，持心近薄。"
    B.《战国策·齐策》："能谤议于市朝，闻寡人之耳者，受下赏。"
    C.《左传·僖公十六年》："是何祥也？吉凶焉在？"
    D.《左传·僖公四年》："四年春，齐侯以诸侯之师侵蔡。"

49. 我国第一部按照义类编排的辞书是哪一部？
    A.《尔雅》　　　　B.《说文解字》　　　　C.《助字辨略》　　　　D.《辞海》

50. 下列选项中加点的词古义与今义**毫无关系**的是：
    A. 布衣之怒，亦免冠徒跣，以头抢地尔。
    B. 丈夫亦爱怜其少子乎？
    C. 敕之，以劝事君者。
    D. 一鼓作气，再而衰，三而竭。

第二部分　应用能力

第 51—55 题

下列教学活动都是王老师根据影响语言学习的学习者个体因素设计实施的，请在 A—F 中进行选择，其中有一个多余选项。

51. 王老师在教形声字时，先引导学生对形旁进行归纳，然后请学生根据形旁猜测"江、河、湖、海""妈、奶、姐、姥"的字义。

52. 王老师在课堂小组讨论时，给每个小组安排一个开朗外向、善于组织大家的"种子选手"。这样的课堂比以前活跃多了。

53. 王老师常和因跟不上学习进度而十分着急的同学有秘密的约定，比如："明天请你上黑板听写，好好准备啊。"这样学生上课时更自如了。

54. 王老师带领学生展开了"如果我是市长"的讨论，学生们列举中国某个城市的"十大问题"，并提出相应的"治理对策"。同学们在转换角色的讨论中增进了对中国的了解与理解。

55. 王老师教"买东西、问路"等内容时让学生进行角色扮演，既使用了新的语言点，又有了"我是学生，便宜一点儿"等自我发挥。

51. _____
52. _____
53. _____
54. _____
55. _____

A. 性格
B. 语言学能
C. 认知
D. 焦虑
E. 态度
F. 文化适应

请在 A－F 选项中选出第 56－61 题所对应的纠错类型。

---

56. 学生：老师，昨天考试我把试卷没写完。

    老师：请你把这句话再说一遍。

57. 学生：老师，昨天考试我把试卷没写完。

    老师：不对，应该是"我没把试卷写完"。

58. 学生：老师，昨天考试我把试卷没写完。

    老师：这句话说得不对。在"把"字句中，否定词要放在"把"的前面，应该说"没把试卷写完"。

59. 学生：老师，昨天考试我把试卷没写完。

    老师：你把试卷没写完？

60. 学生：老师，昨天考试我把试卷没写完。

    老师：你想想，这句话你说的对吗？

61. 学生：老师，昨天考试我把试卷没写完。

    老师：昨天考试你没把试卷写完？

---

56. _____

57. _____

58. _____

59. _____

60. _____

61. _____

A. 诱导

B. 提供元语言知识

C. 重铸

D. 要求澄清

E. 重复

F. 明确纠正

以下是综合课《广告栏上贴着一个通知》的部分教案，请据此回答问题。

一、教学对象与内容

    1. 教学对象

        学习汉语一个学期，词汇量在 700 个左右的留学生。

    2. 教学内容

        《博雅汉语·初级起步篇Ⅱ》第三十六课《广告栏上贴着一个通知》。

    3. 课时分配（略）

二、教学目标和要求

    1. 生词学习目标和要求

    （1）能够掌握并运用重要生词。

    包括：广告、贴、通知、围、发生、过去、活动、读、交流、将、马上、拿、运动、举办、篮球。

    （2）能够理解并记忆其他生词。

    包括：（广告）栏、学院、组织、郊区、参观、学生证、办公室、办、手续、鼓励、积极、体育、地点、部。

    2. 语法学习目标和要求

    （1）能够掌握并运用重要语法。

    包括："处所词＋V＋着＋NP"；简单趋向补语；"为了……"。

    （2）能够理解其他语法点。

    3. 课文学习目标和要求（略）

三、教学重点和难点（略）

四、教学方法

    1. 导入

        图片导入法、提问法。

    2. 词汇教学

        直观法、定义法、关联法、翻译法、比较法、举例法等。

    3. 语法教学

        图式表格法、演绎法、归类法等。

五、教学环节和步骤（略）

---

62. 下列哪个词语**不适合**用"直观法"教学？

    A. 广告   B. 办   C. 读   D. 郊区

63. 刘老师想安排一个生词游戏帮助同学们更好地记忆上面这些词语，你可以建议她使用下列哪种活动？

A. "辩论赛"：教师布置辩论题目，各方辩论并选获胜方

B. "配音演员"：教师播放无声的视频片段，学生配音

C. "新闻记者"：根据教师给的主题实施调查、采访，并报告结果

D. "Bingo"：学生先将听写的生词任意写在方格纸上。教师再读生词，学生根据听到的生词在自己的方格纸上圈出来，先连好一条线的学生说"Bingo"

64. 下列关于"简单趋向补语"的说法**错误**的是：

A. 宾语是处所词时，结构为：动词＋来/去＋处所宾语

B. 动作已经完成的情况，可以用：动词＋来/去＋了＋宾语

C. 介绍趋向补语可以采用动作和图片演示

D. 宾语是事物词时，结构为：动词＋事物宾语＋来/去

65. 撰写新课的教案一般要包括教学过程中的五大环节：复习旧课、____①____、讲解新课、____②____和布置作业。①②处应填入的是：

A. ①词语解释、②难句解释

B. ①朗读、②归纳大意

C. ①导入新课、②巩固新课

D. ①导入新课、②提问和回答

第 66—70 题

> 王静是一位新手教师，教学经验还不足，在教学活动中，常常受到学生的各种质疑，比如：
>
> ①课堂上，小王老师换了一种教学方式，有的学生立刻提出这个方法不好。
>
> ②课堂上，学生提出一个问题，考虑到不是授课重点，小王老师说现在时间不够，以后会讲到，但学生会怀疑她根本无法有效解答问题。
>
> ③一些学生喜欢课堂上的游戏和活动，但是有一名学生向小王老师提出，这种活动既幼稚又浪费时间，不明白为什么要安排。
>
> ④有的学生认为小王老师有时偏爱某些学生，没有公平对待大家。

66. 如果你是一名新手教师，为减少情况②发生，应怎么做？

A. 提高外语沟通能力，让学生更容易明白老师的想法

B. 提高胜任多种工作的能力，面对学生的质疑更从容

C. 克服紧张心理，建立自信，做一个大方得体的汉语教师

D. 提高专业知识和心理学、教育学等相关理论知识的储备

67. 同事李老师告诉小王，要解决上述问题首先要树立正确的职业价值观。平时对学生关怀备至，课上耐心细致讲解，课后督促学生复习、完成作业。这种职业价值观可能是：

A. 生存型　　　　B. 享受型　　　　C. 奉献型　　　　D. 发展型

68. 情况④说明学生认为小王老师的做法**不符合**职业道德中的：

A. 热情　　　　B. 公正　　　　C. 责任心　　　　D. 合作发展

69. 小王为了提高自己的教学能力，决定采用"反思性教学"的方法。她请同事对自己的课堂教学活动进行录像，然后观看并记录自己对教学活动的想法，随后对录像进行转写，并请同事一起分析和总结。这属于"反思性教学"的哪种方法？

A. 课堂观摩与分析　　　　　　B. 刺激性回忆报告

C. 同侪听课　　　　　　　　　D. 间接调查

70. 下列哪一个**不是**新手教师需要遵守的对外汉语课堂教学的基本原则？

A. 精讲多练原则　　　　　　　B. 讲练结合原则

C. 以学习者为中心的原则　　　D. 汉外对比原则

第 71－76 题

以下是一篇课文的节选：

本杰明：我想春节的时候去拜访几个人，可是该送什么礼物呢？

王　雪：这就得看是什么人了。若是重要的人，就得送体面一些的礼物；若是拜访普通朋友，只是随便捎点儿礼物，表示一下心意就行了，因为即使不送，人家也不会怪罪的。

本杰明：看来拜访王教授一定得送体面的礼物！况且，我是第一次拜访他。

王　雪：其实也没关系，即使你空着手去给他拜年，人家也不会挑你什么，照样会热情地款待你，只是你自己恐怕会有点儿不好意思。

本杰明：就是啊！可是送什么礼物合适，我一点儿把握都没有，干脆，你给我拿个主意吧！

王　雪：这可让我为难了，我跟王教授从来没打过交道，不知道他喜欢什么。不过"礼多人不怪"嘛，只要你是真心的，送什么礼物都行。

---

71. 这是一节中级汉语会话课，田老师上课前先和学生共同制订了一些上课规则，他的目的是：

A. 让学生遵守中国的课堂纪律　　B. 充分调动学生上课的积极性

C. 保证课堂教学可以顺利展开　　D. 在学生面前树立教师的威严

72. 在汉语会话课中，教师常采取一些方法提升学生的参与度、提高学生的开口率，下列做法**不恰当**的是：

A. 转换提问的角度

B. 提高问题的开放度

C. 降低问题的难度

D. 多听正确的发音

73. "热情"中的"r"音对于留学生来说是一个比较难掌握的音。因为他们发此音时，受母语的干扰，常常发成闪音，舌头要颤动。在教学时，可以教学生先发容易的"sh"音，再发"r"音。这种纠音方法是：

A. 对比法   B. 夸张法

C. 带音法   D. 借助实物法

74. 田老师在讲解画线部分时，先在黑板上板书：

……，这就得看……，若……的话，那就得……；若……，就……

向学生指出这一表达的功能：一般用于向别人解释或提出建议。

然后练习该句式：①下个学期你还继续在中国留学吗？②今晚的聚会你们打算喝啤酒还是喝白酒？

田老师操练句子的方法是：

A. 变换练习   B. 替换练习

C. 问答练习   D. 完成句子

75. 下列属于语言技能教学的课堂管理对策的是：

①增强技能培养的意识   ②运用各种方法，充分调动学生的积极性   ③丰富技能教学的形式   ④将听说读写的训练融入各个教学环节   ⑤把握语音训练的时机，让语音练习无处不在   ⑥音形结合，丰富教法，提高复现率

A. ①②③④⑤⑥   B. ①②③④

C. ①③④⑤⑥   D. ④⑤⑥

76. 下列关于中西方馈赠礼物的说法，正确的是：

A. 去法国朋友家做客，可以带一束黄色的菊花给女主人

B. 大多数文化中送礼的数目是双数

C. 中国人和阿拉伯人一般都喜欢送比较贵重的礼品

D. 西方人接到礼物后往往把礼物放在一旁，不做任何评论

玛慧是一个勤奋努力的学生，一学了新的生词和语法，她就会写一些句子请王老师帮她看看。今天下课以后，她又拿来了自己写的句子：

① 我是我们班最好学生。

② 他每天都迟到了。

③ 以前我们班的学生我一个也没认识。

④ 我明年学习在复旦大学。

⑤ 不管明天下不下雨，我去旅游。

⑥ 我的老师又很聪明又很漂亮。

⑦ 你这条裙子在哪儿买了？

⑧ 什么时候你打算去？

⑨ 这是一个好机会练习口语。

⑩ 我们班有四个同学们参加。

77. 在玛慧写的句子中，属于"误加"的是：

A. ②⑥⑩   B. ②⑩   C. ③⑤⑦⑨   D. ⑩

78. 学习者正在学习目的语的规则和系统，处于摸索的阶段，这时会出现较多的偏误，对这些偏误，学习者无法解释，更不能自行改正。这种偏误是：

A. 失误   B. 前系统偏误

C. 系统偏误   D. 后系统偏误

79. 下面的句子中和句⑦偏误一样的是哪一项？

A. 他去海口，关于简妮，我不知道。

B. 他这样说话不太合适。

C. 这学期我们考试上课 8：30。

D. 谁的书这是？

80. 针对二语学习者出现的偏误，我们可以采取以下哪种对策？

A. 教师不过分干预，学生以后会自己发现自己的偏误并改正

B. 课堂时间有限，着重练习基本的规则，先回避特殊的规则

C. 留心学生的表达，有错误立刻纠正，防止影响以后的学习

D. 教师适时告诉学生在某种场合用哪个语法项目表达更合适

下面播送北京市气象台今晚 7 点发布的天气预报：

从昨天中午 12 点到今天中午 12 点，我市的空气质量为三级轻度污染。预计今晚 8 点到明晚 8 点，我市空气质量为良。

受西北冷空气影响，今天白天我市部分地区出现了阵雨和雷阵雨，气温比前两天明显偏低，下午两点，城区的气温为 21.2 度，比昨天下降了两度左右。随着秋风轻轻地吹来，人们已经渐渐感觉到秋天的凉意了。

今天夜间，阴，部分地区小雨转多云，偏北风三到四级，最低气温 12 度。降水概率 80%。

明天将是一个晴天，预计本周后期，气温比今天将有一定的回升。

明天白天，多云转晴，东北风二到三级，最高气温 23 度。降水概率 30%。西北部地区阴转多云，12 到 21 度；东北部地区小雨转阴，13 到 22 度；东南部地区多云转晴，12 到 22 度；西南部地区阴转晴，13 到 23 度。

81. 本课涉及很多天气术语，最好使用 PPT 展示"晴""多云"等天气状态的标准图片帮助同学们理解。下面关于使用多媒体教学的优点，说法**错误**的是：

A. 图文并茂，具有直观性、动态性、交互性、可复制性

B. 操作便捷，可以大幅度提高教学质量和学习效率

C. 可以充分调动学生的学习热情，扩大学生的知识面

D. 将教学内容结构化，帮助学生理清思路，提炼教学重点

82. 刘老师让每四个学生一组，在地图上选择一个城市，根据地图上的位置以及查阅的新闻资料，写出该城市三天的天气情况，并准备相关的图片等辅助资料。然后各小组讨论、交换信息，最后在全班完成"今天我是播音员"的活动。刘老师采用的是哪种教学方法？

A. 直接法   B. 听说法

C. 任务型教学法   D. 自觉对比法

83. 学习了一段时间后，小兰想请你再帮她选择一本教材作为课后学习资料。在选择教材时，你要注意教材的：

①厚度 ②针对性 ③实用性 ④科学性 ⑤趣味性
⑥系统性 ⑦区别性 ⑧可操练性

A. ①②③④   B. ①⑦⑧

C. ③④⑤⑥   D. ②③④⑤⑥

84. 正在上课时，外面突然下起了大雨，同学们的注意力都转移到了窗外，边看边说话，课堂一片混乱。这时老师应该怎么做？

    A. 让学生继续谈论，结束后再开始讲课

    B. 拉上窗帘，不允许任何人再往窗外看

    C. 刚学完天气的表达，正好让学生练习

    D. 和学生一起谈论一下下课以后怎么办

第 85—89 题

> 材料一：2000 多年前，我们的先辈筚路蓝缕，穿越草原沙漠，开辟出联通亚欧非的陆上丝绸之路；我们的先辈扬帆远航，穿越惊涛骇浪，闯荡出连接东西方的海上丝绸之路。古丝绸之路打开了各国友好交往的新窗口，书写了人类发展进步的新篇章。中国陕西历史博物馆珍藏的千年"鎏金铜蚕"，在印度尼西亚发现的千年沉船"黑石号"等见证了这段历史。
>
> 材料二：2013 年秋天，中国首次提出共建丝绸之路经济带和 21 世纪海上丝绸之路，即"一带一路"倡议。2017 年 5 月 14 日，"一带一路"国际合作高峰论坛在北京召开。三年多来，"一带一路"的"朋友圈"不断扩大，"点赞""评论"量也很大。

85. "陆上丝绸之路"东起汉唐帝国的都城：

    A. 长安   B. 咸阳   C. 金陵   D. 登封

86. 最早见于史书记载的古代"海上丝绸之路"的航线是：

    A. 从西汉帝国的北疆到达印度洋的海路

    B. 从西汉帝国的南疆到达太平洋的海路

    C. 从西汉帝国的北疆到达日本的海路

    D. 从西汉帝国的南疆到达印度洋的海路

87. 如果你当时在"丝绸之路"上的某个国家任汉语教师，有可能看到来自中国的哪些物品？

    ①丝绸   ②刺绣   ③陶瓷   ④指南针   ⑤胡萝卜   ⑥核桃   ⑦葡萄酒

    ⑧蚕豆

    A. ①②③④   B. ⑤⑥⑦⑧   C. ①③⑤⑦   D. ①④⑥⑧

88. 印度的佛教通过"古丝绸之路"传入中国，大大改变了中国原有哲学、文学和艺术的风貌。下面关于"佛教东传"说法**错误**的是：

    A. 佛教传入中国是对中国社会影响最深的文化交融之一

    B. 印度佛经经由陆路和海路两条线路传入中国

    C. 禅宗祖师达摩经陆路到达洛阳，然后进入少林寺修行

    D. 佛教传入中国后，在魏晋南北朝时发展迅速

89. 第一个在"一带一路"的"朋友圈""点赞"的欧洲国家是：
    A. 荷兰　　　　　B. 哈萨克斯坦　　C. 意大利　　　　D. 匈牙利

第90－93题

> 　　国家汉办2007年发布的《国际汉语教师标准》对测试与评估制定了如下标准：了解测试与评估的基本概念、原则、方法和特点，并在教学中根据需要选用合适的测试与评估方法；能设计合适的试题和试卷，并从测试结果中获得有助于改进教与学的反馈信息。

90. "测试是否能够反映被试相应的语言能力"是语言测试的哪一个基本要素？
    A. 代表性　　　　B. 客观性　　　　C. 科学性　　　　D. 间接性

91. HSK 4级考试属于：（　　）
    A. 水平测试　　　B. 成绩测试　　　C. 诊断性测试　　D. 直接测试

92. 对外汉语教学测试作为第二语言测试，其基本步骤为：
    ①确定测试的目的要求　②试卷设计　③评分与估计
    ④确定测试范围和内容　⑤测试的实施
    A. ①②③④⑤　　　　　　　　　　B. ①④②⑤③
    C. ④①②⑤③　　　　　　　　　　D. ⑤①④③②

93. 一个外国学习者在几次学业测试中，得到的分数基本上是相近的，说明这样的测验什么较高？
    A. 效度　　　　　B. 信度　　　　　C. 难度　　　　　D. 区分度

第94－97题

> 　　材料一：孟子曰："君子有三乐，而王天下不与存焉。父母俱存，兄弟无故，一乐也；仰不愧于天，俯不怍于人，二乐也；得天下英才而教育之，三乐也。君子有三乐，而王天下不与存焉。"
>
> 　　　　　　　　　　　　　　　　　　　　　　　　　　　——《孟子·尽心上》
>
> 　　材料二：培养教育人和种花木一样，首先要认识花木的特点，区别不同情况给以施肥、浇水和培养教育，这叫"因材施教"。
>
> 　　　　　　　　　　　　　　　　　　　　　　　　　　　——陶行知

94. 《说文解字》说："教，上所施，下所效也。"下面哪个是"教"的甲骨文写法？

    A. 　　　　　　B. 　　　　　　C. 　　　　　　D.

95. 最早把"教育"二字连起来使用的是谁？

    A. 孔子   B. 孟子   C. 庄子   D. 老子

96. 在古代，在校学生要向老师行"束修"之礼。"束修"是指：

    A. 每天为老师整理发髻

    B. 向老师鞠躬表示感谢

    C. 初见时敬奉给老师的礼物

    D. 每天为老师修改整理书籍

97. 下面哪种古代教育形式采取的教学方法主要是个别教授？

    A. 汉代的"太学"

    B. 宋代的书院教育

    C. 明清的"国子监"

    D. 清代的学塾教育

第 98－100 题

> 田登作郡，自讳其名，触者必怒，吏卒多被榜笞，于是举州皆谓灯为火。上元放灯，许人入州治游观，吏人遂书榜揭于市曰："本州依例放火三日。"

98. 上文是成语"只许州官放火，不许百姓点灯"的由来。关于中国古代的"避讳之俗"，说法**错误**的是：

    A. "避讳"是封建宗法制度的产物，又是家天下和尊祖敬宗的体现

    B. 历代避讳方法常用"改字法""空字法"和"缺笔法"等

    C. 中国人对父母、师长、上级均不直呼其名，这跟西方国家不同

    D. 上文"放灯三日"为避讳，说成"放火三日"是用了"缺笔法"

99. 中国古建筑中的正房、主殿、大门，一般都是坐北朝南的，这是因为：

    A. 地形需要   B. 采光需要

    C. 南向为尊   D. 北向为尊

100. 美国自然史博物馆收藏了一面中国唐代铜镜，镜面图文并茂，内圈为四方神像，顺时针为玄武、青龙、朱雀、白虎，分别代表：

    A. 北、东、南、西四方

    B. 东、西、南、北四方

    C. 坎、离、兑、乾四卦

    D. 斗、牛、女、室四星

第三部分　综合素质

本部分为情境判断题，共 50 题。

第 101—135 题，每组题目由情境及随后的若干条与情境相关的陈述构成。每条陈述都是对情境的一种反应，包括行为、判断、观点或感受等。请先阅读情境，然后根据你对情境的理解，判断你对每条陈述的认同程度，并在答题卡上填涂相应的字母，每个字母代表不同的认同程度。说明如下：

A	B	C	D	E
非常不认同	比较不认同	不确定	比较认同	非常认同

例题：

> 杨老师刚到悉尼的一家孔子学院工作，她的学生都是六七岁的小朋友。在同事的帮助和指导下，杨老师备好了前几堂课。第一次课的内容是向学生们介绍中国的国旗、国徽和国歌。当她在课上播放完《义勇军进行曲》之后，小朋友们都觉得这首歌非常"cool"和"powerful"，要求杨老师教他们唱，这让杨老师十分意外。

面对这种情况，如果你是杨老师，请你给出对下列陈述的认同程度：

1. 答应学生的要求会打乱自己的教学安排，而且作为新老师，开展事先没有准备的教学活动可能会力不从心。
2. 难得学生表现出了对课堂内容的强烈兴趣，应满足他们的要求，并利用这个机会，更深入地介绍中国的国旗、国徽和国歌。
3. 告诉学生之后的课会安排教唱中国国歌，课后向有经验的同事或者领导请教，听取他们的建议。
4. 给学生发放音频资料，让学生利用课余时间自行学习，这样既不打乱教学安排，又能满足他们的要求。

作答示例：若你对第 1 题的陈述比较不认同，则选择 B；若对第 2 题的陈述比较认同，则选择 D；若对第 3 题陈述非常不认同，则选择 A；若对第 4 题陈述的认同程度介于"比较不认同"和"比较认同"之间，则选择 C。各题之间互不影响。

第 101—104 题

> 　　李艳在美国某高校教授成人汉语班。虽然该班学生整体水平不错，上课也很积极，但是每次布置的作业总是有很多人不能完成，导致复习巩固效果不佳。经过交流，李艳发现因为学生们大多有自己的生活安排，忙于工作或家庭，导致课后没有时间完成作业。

面对这种情况，如果你是李艳，请你给出对下列陈述的认同程度：

101. 作业是为了能更好地让学生掌握知识，所以必须完成。必要时可以与成绩挂钩。

102. 考虑到成人学生平时太忙，还是不要布置作业，减少学生学习压力。

103. 与其他有经验的老师沟通，听取他们的建议。

104. 布置作业前可以与学生沟通，有针对性地调整作业形式以及完成时间。

第 105—108 题

> 　　李娜在国外某高校做汉语教师不久，与同事和领导的关系都相处得不错。一天，她接到了所在学院院长的邀请，周末和其他老师一起去他家参加他的生日晚会。李娜想到平时受到院长照顾，特意托朋友在国内选购了一个精美的瓷器。晚会当天，李娜把礼物送给院长，打开礼物后，院长并不高兴，而是告诉她这个礼物太贵重了，他不能收。

面对这种情况，如果你是李娜，请你给出对下列陈述的认同程度：

105. 认为院长是在同事们面前客气一下，晚会结束后再私下给院长。

106. 向院长解释这是中国的送礼习惯，礼物越贵重就表示越尊重对方。

107. 觉得很丢面子，认为院长在针对自己，坚持让其收下礼物。

108. 表示尊重院长的做法，收回礼物，与当地同事沟通后，再送一份合适的礼物。

第 109—112 题

> 　　张玲在澳大利亚一所小学当汉语教师。一次，她给学生讲"司马光砸缸"的故事。没想到听完故事，孩子们纷纷表示不赞同司马光的行为，更不明白为什么老师会认为司马光聪明。在他们看来，司马光很勇敢，但是并不聪明。因为这样做太危险了，会不小心伤害缸里的孩子，并且破坏了公物。

面对这种情况，如果你是张老师，请你给出对下列陈述的认同程度：

109. 这个问题没什么值得讨论的，直接忽略该说法，继续进行教学。

110. 肯定孩子们的想法，为了不影响教学进程，可以课后讨论。

111. 接受不同国家的人对于同一问题有不同看法和理念，鼓励并引导孩子积极思考。

112. 学生们有这样的看法是没有真正理解该故事的主旨，应及时纠正他们的想法，以老师的讲解为主。

第 113—117 题

> 李老师在荷兰一所孔子学院任教。一次，在谈到对于中国的印象时，一位学生站起来说："我认为中国政府对中国人的控制很严，坐火车都要检查身份证，并且也不能浏览很多社交网站，比如'脸书'等。中国人没有什么自由。"因为在荷兰，人们不需要身份证就能乘坐火车，也并没有网络限制。李老师面对学生突如其来的问题有些招架不住，一时课堂气氛有些尴尬。

面对这种情况，如果你是李老师，请你给出对下列陈述的认同程度：

113. 该同学根本不了解中国的制度，这样说侮辱了中国。

114. 为了不影响课程进度，暂时忽略该学生的说法，转移话题。

115. 向学生解释每个国家的国情不同，所以采取的制度也不一样，引导学生思考出现这种现象的原因，激发他们探索中国文化的兴趣。

116. 学生提出这样的看法，是因为他们以本国文化为出发点进行思考和判断，并没有恶意。

117. 向学生解释这其实是中国政府保护中国人的行为，学生应从积极角度看待这个问题。

第 118—122 题

> 杨老师在芬兰一所大学担任汉语教师时间不长，与同事之间相处融洽。一次，一位同事过生日，对杨老师说要请她吃饭。杨老师很开心，特意精心准备了礼物。结果吃完饭，杨老师却发现是所有人各付各的。原来芬兰人说的请客吃饭只是一种邀请。芬兰同事发现杨老师很郁闷，但并不理解为什么。

面对这种情况，如果你是杨老师，请你给出对下列陈述的认同程度：

118. 芬兰人都很小气，处理人际关系没有人情味。

119. 中国与芬兰在生活方式与人际交往方面有很大差异，融入他们的集体很难。

120. 尊重芬兰人的人际交往模式，慢慢适应。

121. 找机会与芬兰同事沟通，向他解释在中国"请客吃饭"的含义，达到双方的理解。

122. 入乡随俗，以后自己请客吃饭也按照各付各的形式。

第 123—127 题

> 张老师在美国一所孔子学院担任汉语教师，校方给她安排了公寓住宿，与另一位年轻的本土教师 Tim 合住。刚开始两人相处不错，可是过了一段时间后，张老师发现 Tim 经常带很多朋友来公寓玩，有时玩到很晚朋友才离开，公寓经常被弄得很乱。张老师在国内晚上休息得很早，这严重影响了她的睡眠质量，连晚上的备课也受到了影响。这让她感到十分郁闷。

面对这种情况，如果你是张老师，请你给出对下列陈述的认同程度：

123. 向学校领导反映该情况，申请更换一套公寓。

124. 与 Tim 沟通，向她说明自己的想法，并了解美国人的生活方式，双方互相调整。

125. 美国人就是这么自私，不考虑别人的感受，以后少与他们来往。

126. 入乡随俗，改变自己的作息时间，适应美国人的生活方式。

127. 不好意思麻烦学校，直接自己寻找新的住处。

第 128—131 题

> 方老师在美国一所初中教汉语。一次，在介绍中国美食的时候讲到了台湾的各式小吃。这时，一位学生突然站起来说："老师，我有一次去台湾旅行，认识了一个台湾朋友。但是他告诉我他不是中国人。"学生们在底下小声地讨论了起来，方老师一时有些尴尬。

面对这种情况，如果你是方老师，请你给出对下列陈述的认同程度：

128. 这是中国的政治敏感问题，应该避免讨论，马上转移话题。

129. 先向学生说明台湾是中国的一部分，为了不耽误课程进度，剩下的可以课后讨论。

130. 以后选择话题的时候要尽量避免涉及敏感问题。

131. 向学生说明每个国家都有自己的内政问题，引导学生换位思考。

第 132—135 题

> 王老师被派到美国一所孔子学院担任汉语教师。初到美国，王老师感觉一切都很不适应。首先在饮食方面，王老师吃不惯西餐，自己做菜却被邻居反映油烟太大。工作中，她很不适应美国同事的相处方式和做事风格，与他们的关系也只能限于公事。王老师感到很郁闷。

面对这种情况，如果你是王老师，请你给出对下列陈述的认同程度：

132. 出现不适应很正常，可以多与中国朋友和同事交流，询问他们的建议。

133. 这种状况没有解决办法，只能慢慢适应。

134. 中美文化差异不可避免，融入对方集体很难。

135. 与美国同事交流沟通，了解他们的交友方式与工作模式，改变自己原先的生活方式。

第136—150题，每题由一个情境和四个与情境相关的陈述构成，每个陈述都是对这个情境的一种反应，包括行为、判断、观点或感受等。请先阅读情境，然后根据你对情境的理解，从ABCD四个陈述中选出你认为在此情境下最为合适的反应。

第136题

> 刘老师被派到美国一所小学教汉语。第一节课，刘老师想要认识一下大家，没想到在点名时念错了一些同学的英文名字，引得全班同学发笑。大家都在重复刘老师的发音，这让刘老师觉得很尴尬，也很沮丧。

面对这种情况，如果你是刘老师，请你给出最为合适的选择：

A. 学生并没有恶意取笑我，下次注意就可以了。

B. 下课向班主任反映学生的行为。

C. 美国学生对汉语老师一点儿也不尊重。

D. 让他们知道现在不是发笑的时候，应该马上制止他们。

第137题

> 小楠在美国一所公立小学教汉语，她班上有一名叫Joe的"问题学生"，经常上课随意走动，与同学说话，还会提出一些与课堂内容无关的问题打乱教学，影响到其他学生。

面对这种情况，如果你是小楠，请你给出最为合适的选择：

A. 直接联系Joe的父母反映其情况，请家长帮忙管理。

B. 在课堂上严厉批评他甚至将其赶出教室以示惩罚。

C. 联系班级负责人，向他反映该生状况，请求协助管理。

D. 为了不影响其他同学，安排Joe一个人坐，试着忽略他。

第 138 题

> 　　小刘被选中派往韩国的一所中学担任汉语教师。小刘很开心，在到达学校之前就做了很多课程准备，购买了很多教学材料。到了学校后，小刘却发现校方只安排她担任助教的工作，配合当地老师在课堂上纠正一下发音，之前准备的材料都用不上。小刘觉得自己很郁闷，也很失落。

面对这种情况，如果你是小刘，请你给出最为合适的选择：

A. 这是校方的安排，小刘只能照办，虽然不愿意也没办法。

B. 与校方沟通，向校方说明自己有能力胜任汉语教师，可以单独上课。

C. 既然自己在该校不受重视，只能打下手，那就随便完成一下工作。

D. 放平心态，重新定位自己的身份，助教也能获得很多经验，先向任课老师学习。

第 139 题

> 　　刘佳在国外一所孔子学院教汉语。她班上的 Tom 同学经常迟到，刘佳找他谈过几次话，情况都没有好转。这天，刘佳正在上课，Tom 又迟到了。刘佳很生气，严厉地批评了他，并要求他向全班同学道歉。第二天，Tom 的妈妈找到刘佳，认为她伤害了自己的孩子。

面对这种情况，如果你是刘佳，请你给出最为合适的选择：

A. 这位家长不反思自己没把孩子教好，反而责怪老师，不用理睬她。

B. 向家长说明自己已经多次找过 Tom 谈话，都没有效果。自己的做法只是为了让他意识到迟到的严重性，并没有错。

C. 向家长道歉，自己的做法确实有问题，但希望她能重视孩子迟到的问题。

D. 认为家长在无理取闹，直接向教学负责人反映所有情况，交给校方处理。

第 140 题

> 　　章老师被派到美国一所高校担任汉语教师。学校的同事都很热情，对她也很好，但是最近发生的事情却让章老师很郁闷。一次，她与同事出去逛街，上车刷卡的时候章老师直接帮同事刷了卡。逛街时她想要买水，但是没有零钱，便向同事借了零钱。之后她也没将此事放在心上，但是周一，这位同事特意来找章老师让她还买水的钱。章老师很尴尬，因为在中国，她与同事之间经常为对方付钱。

面对这种情况，如果你是章老师，请你给出最为合适的选择：

A. 同事太小气了，以后要与他保持距离。

B. 这是美国人的人际交往方式，自己也要入乡随俗，改变原来的交往方式。

C. 把钱还给对方，并向对方解释原因，试着了解美国人的交往方式与消费理念。

D. 接受同事的交往与消费理念，并同时要求同事将车费还给自己。

第 141 题

陈老师在中国某高校担任汉语教师。她有三个来自日本的学生即将毕业回国。三人在回国前买了一份礼物送给陈老师，陈老师很感动。为了避免学生心里产生不平衡，陈老师买了三份一样的礼物作为回礼送给三名日本学生。日本学生很开心，但是打开后，发现礼物一样时，三人的脸色很尴尬，也不怎么开心了。

面对这种情况，如果你是陈老师，请你给出最为合适的选择：

A. 日本学生真麻烦，送礼物还要挑三拣四。

B. 自己只是从公平的角度出发，送的礼物并没有问题。

C. 是自己考虑不足，应先了解日本赠送礼物的传统，按照他们的方式来送，这次就算了。

D. 以后还是不要买礼物送给学生了，老师本来就不需要这样做。

第 142 题

张老师刚被派往荷兰一所孔子学院担任汉语教师一个月，同事们对她都很热情。为了拉近与同事的关系，张老师邀请他们周末来自己家玩，准备烧一桌丰盛的中国菜给他们品尝。周末，同事们陆陆续续都到了。张老师一个人在厨房里忙得不可开交，同事们却都只聚在客厅聊天喝饮料，没有一个人过来帮忙。想到在中国同事们都会在厨房帮忙一起准备，张老师有些郁闷，也不怎么高兴了。

面对这种情况，如果你是张老师，请你给出最为合适的选择：

A. 这些荷兰同事只顾自己，不考虑别人，以后少跟他们来往。

B. 本来就是自己请同事吃饭，他们不过来帮忙也是正常的。

C. 这是中西方文化差异导致的，在荷兰，客人们尊重主人的空间，不过多干涉他人。

D. 既然他们不过来帮忙，那就随便做一点敷衍一下。

> 　　王红被派到美国一所高校教汉语，校方给她安排了住宿，室友是一位本土教师，两人相处得很不错。一次，王红发现室友感冒了，为了表示关心，王红拿出自己平时备的感冒药，并嘱咐室友多喝热水。没想到室友非常严肃地告诉她："你不是医生，你告诉我的方法并没有任何科学性，这是不负责任的行为。"王红听了感觉很委屈。

面对这种情况，如果你是王红，请你给出最为合适的选择：

A. 自己这样做是关心室友，室友却不领情，以后还是和她保持距离。

B. 告诉她在中国大家都是这么做，感冒只是常见的小问题。

C. 自己的行为确实有欠考虑，美国人注重逻辑，讲究科学，自己应该尊重他们的思维方式和生活习惯。

D. 觉得美国人太小题大做，难以和他们成为朋友。

第 144 题

> 　　张老师在美国一所孔子学院当汉语教师，学校为他安排了一位有经验的白人老师 Frank 作为他的搭档。一次，在学校教工食堂，张老师碰见 Frank 在独自吃饭。于是想要和他打个招呼，顺便聊聊本班学生的学习情况。没想到 Frank 说："我在吃饭，你为什么要现在和我说这些？这是我的私人时间。"张老师很尴尬。

面对这种情况，如果你是张老师，请你给出最为合适的选择：

A. Frank 太冷漠自私，以后与他在私下里尽量减少接触。

B. 美国人为人处事与自己有很大差异，自己很难融入他们的圈子。

C. 美国人非常注重私人空间，公私分明，自己的行为确实欠考虑。

D. 入乡随俗，接受美国人的隐私观念，改变自己的处事方式。

第 145 题

> 　　田老师在美国一所小学担任汉语教师。一次，田老师在提到希望同学们能努力学习汉语时，一位同学站起来说："老师，我听说中国有人为了学习拿锥子刺自己。这也太不可思议了。学习有很多科学的方法，中国人怎么能伤害自己的身体呢？"

面对这种情况，如果你是田老师，请你给出最为合适的选择：

A. 这名同学一点儿都不了解中国，这种想法是对中国人的侮辱。

B. 要接受不同文化背景的人们从不同角度考虑这个问题，学生的想法也具有一定合理性。

C. 为了不耽误上课的时间，应该先忽略他的话。

D. 耐心地向他解释这种做法目的是要让我们学习刻苦努力的精神，改变他的想法。

第 146 题

> 　　程老师在国外一所中学教汉语。班上的同学们对学习汉语都很有热情，上课非常积极。但是，她班上有一位学生 Mark，他的汉语水平并不好，但是喜欢回答问题，而且经常提一些与课堂无关的问题，导致每次都要耽误一些课堂时间，程老师很郁闷。

面对这种情况，如果你是程老师，请你给出最为合适的选择：

A. 直接忽略他的问题，冷处理，继续上课。

B. Mark 这样做是因为对汉语有兴趣，不能打消他的积极性，还是要回答他的问题。

C. 下课与 Mark 谈话，告诉他要注意提问的时间和内容，不要耽误上课时间，可以课下与老师讨论。

D. 故意抓住 Mark 回答问题中的错误严厉批评他，以此打消他的积极性。

第 147 题

> 　　王老师在美国担任汉语教师已经一年了。新学期开始，学校新开了一门汉语阅读课，希望培养学生的快速阅读能力。王老师在第一节课时对学生们提出要求，上阅读课时不要使用字典，可是有的学生觉得不查字典就无法做出题目，仍然在课上使用字典，王老师很为难。

面对这种情况，如果你是王老师，请你给出最为合适的选择：

A. 查字典就达不到锻炼快速阅读能力的要求，可以没收学生的字典。

B. 学生的水平确实有限，课程要求很难达到，使用字典也情有可原。

C. 告诉学生课程要求，并改变自己的教学方式，鼓励学生不要查字典，有错也没关系。

D. 反正只有少数同学使用字典，就当作没看见，直接忽略。

第 148 题

张鹏被派到国外一所孔子学院担任汉语助教。在一次中华才艺展示会上，张鹏表演了太极拳。他班上的一名女学生 Linda 非常有兴趣，询问是否能够教她打太极。张鹏很高兴，约好下午五点在学校活动室见面。结果 Linda 临时有事，推迟了两个小时，教完太极拳已经将近十点了。第二天，学校负责人找到张鹏，严厉地批评了他。

面对这种情况，如果你是张鹏，请你给出最为合适的选择：

A. 自己只是同意教 Linda 太极，而且也没有拖延时间，自己的行为并没有错。

B. 自己没有考虑到学生与老师的身份，行为确实欠考虑，下次要注意。

C. 让 Linda 与学校负责人沟通，为自己解释。

D. 学校的管理制度太严了，课下时间应该自由支配。

第 149 题

周老师今年被派到美国一所孔子学院担任汉语教师，她的学生大部分都是成年人。几次课后，周老师发现班上有些学生经常在上课中途陆续走出教室，问他们原因，有的同学解释自己太困了，要出去买咖啡，有的同学则是想上洗手间。这种情况导致周老师的教学思路经常被打断，有的教学重点也不能保证所有人听到。

面对这种情况，如果你是周老师，请你给出最为合适的选择：

A. 跟学校负责人反映学生的行为，让负责人来处理。

B. 告诉学生在我的课上不允许随意出去。

C. 这是由于所处的文化背景导致的，美国学生大多十分自由随意，没办法改变。

D. 美国学生一点儿也不尊重我，不把我放在眼里，那我也没必要认真上课。

第 150 题

小孙被派到泰国一所小学担任汉语教师。学校为她安排了一名会一点儿中文的老师作为助教，跟随小孙一起上课，帮助管理课堂。几次课后，小孙发现这名助教经常在课堂上当着学生的面对自己的教学内容提出质疑，让小孙下不来台，并且有时与学生直接使用小孙听不懂的泰语沟通，学生吵闹时也并没有任何作为。

面对这种情况，如果你是小孙，请你给出最为合适的选择：

A. 接受助教在课堂上的行为，避免与其发生冲突。

B. 直接向校方表明自己有能力管理课堂，不需要助教。

C. 与助教私下沟通，将你的困扰与建议告诉他，获得他的理解与支持。

D. 与助教互不干涉，自己只要完成每天的教学任务就行了。

《国际汉语教师证书》考试仿真预测试卷答题卡

姓　　名	
中文姓名	

序号	[0] [1] [2] [3] [4] [5] [6] [7] [8] [9]
	[0] [1] [2] [3] [4] [5] [6] [7] [8] [9]
	[0] [1] [2] [3] [4] [5] [6] [7] [8] [9]
	[0] [1] [2] [3] [4] [5] [6] [7] [8] [9]
	[0] [1] [2] [3] [4] [5] [6] [7] [8] [9]

考点代码	[0] [1] [2] [3] [4] [5] [6] [7] [8] [9]
	[0] [1] [2] [3] [4] [5] [6] [7] [8] [9]
	[0] [1] [2] [3] [4] [5] [6] [7] [8] [9]
	[0] [1] [2] [3] [4] [5] [6] [7] [8] [9]
	[0] [1] [2] [3] [4] [5] [6] [7] [8] [9]
	[0] [1] [2] [3] [4] [5] [6] [7] [8] [9]
	[0] [1] [2] [3] [4] [5] [6] [7] [8] [9]

国籍	中国
	[0] [1] [2] [3] [4] [5] [6] [7] [8] [9]
	[0] [1] [2] [3] [4] [5] [6] [7] [8] [9]
	[0] [1] [2] [3] [4] [5] [6] [7] [8] [9]

性别	男[1]　　女[2]
年龄	[0] [1] [2] [3] [4] [5] [6] [7] [8] [9]
	[0] [1] [2] [3] [4] [5] [6] [7] [8] [9]

注意　请用2B铅笔这样写：■

1. [A] [B] [C] [D] [E] [F] [G]
2. [A] [B] [C] [D] [E] [F] [G]
3. [A] [B] [C] [D] [E] [F] [G]
4. [A] [B] [C] [D] [E] [F] [G]
5. [A] [B] [C] [D] [E] [F] [G]

6. [A] [B] [C] [D] [E] [F] [G]
7. [A] [B] [C] [D] [E] [F] [G]
8. [A] [B] [C] [D] [E] [F] [G]
9. [A] [B] [C] [D] [E] [F] [G]
10. [A] [B] [C] [D] [E] [F] [G]

11. [A] [B] [C] [D] [E] [F] [G]
12. [A] [B] [C] [D] [E] [F] [G]
13. [A] [B] [C] [D] [E] [F] [G]
14. [A] [B] [C] [D] [E] [F] [G]
15. [A] [B] [C] [D] [E] [F] [G]

16. [A] [B] [C] [D] [E] [F] [G]
17. [A] [B] [C] [D] [E] [F] [G]
18. [A] [B] [C] [D] [E] [F] [G]
19. [A] [B] [C] [D] [E] [F] [G]
20. [A] [B] [C] [D] [E] [F] [G]

21. [A] [B] [C] [D] [E] [F] [G]
22. [A] [B] [C] [D] [E] [F] [G]
23. [A] [B] [C] [D] [E] [F] [G]
24. [A] [B] [C] [D] [E] [F] [G]
25. [A] [B] [C] [D] [E] [F] [G]

26. [A] [B] [C] [D] [E] [F] [G]
27. [A] [B] [C] [D] [E] [F] [G]
28. [A] [B] [C] [D] [E] [F] [G]
29. [A] [B] [C] [D] [E] [F] [G]
30. [A] [B] [C] [D] [E] [F] [G]

31. [A] [B] [C] [D] [E] [F] [G]
32. [A] [B] [C] [D] [E] [F] [G]
33. [A] [B] [C] [D] [E] [F] [G]
34. [A] [B] [C] [D] [E] [F] [G]
35. [A] [B] [C] [D] [E] [F] [G]

36. [A] [B] [C] [D] [E] [F] [G]
37. [A] [B] [C] [D] [E] [F] [G]
38. [A] [B] [C] [D] [E] [F] [G]
39. [A] [B] [C] [D] [E] [F] [G]
40. [A] [B] [C] [D] [E] [F] [G]

41. [A] [B] [C] [D] [E] [F] [G]
42. [A] [B] [C] [D] [E] [F] [G]
43. [A] [B] [C] [D] [E] [F] [G]
44. [A] [B] [C] [D] [E] [F] [G]
45. [A] [B] [C] [D] [E] [F] [G]

46. [A] [B] [C] [D] [E] [F] [G]
47. [A] [B] [C] [D] [E] [F] [G]
48. [A] [B] [C] [D] [E] [F] [G]
49. [A] [B] [C] [D] [E] [F] [G]
50. [A] [B] [C] [D] [E] [F] [G]

51. [A] [B] [C] [D] [E] [F] [G]
52. [A] [B] [C] [D] [E] [F] [G]
53. [A] [B] [C] [D] [E] [F] [G]
54. [A] [B] [C] [D] [E] [F] [G]
55. [A] [B] [C] [D] [E] [F] [G]

56. [A] [B] [C] [D] [E] [F] [G]
57. [A] [B] [C] [D] [E] [F] [G]
58. [A] [B] [C] [D] [E] [F] [G]
59. [A] [B] [C] [D] [E] [F] [G]
60. [A] [B] [C] [D] [E] [F] [G]

说明：
1. 本卡为模拟机读卡，仅作为考生填涂练习及方便模拟考试阅卷之用，不可机读。
2. 卡中所列项目及格式与真实考试答题卡略有不同。

61. [A] [B] [C] [D] [E] [F] [G]   66. [A] [B] [C] [D] [E] [F] [G]   71. [A] [B] [C] [D] [E] [F] [G]
62. [A] [B] [C] [D] [E] [F] [G]   67. [A] [B] [C] [D] [E] [F] [G]   72. [A] [B] [C] [D] [E] [F] [G]
63. [A] [B] [C] [D] [E] [F] [G]   68. [A] [B] [C] [D] [E] [F] [G]   73. [A] [B] [C] [D] [E] [F] [G]
64. [A] [B] [C] [D] [E] [F] [G]   69. [A] [B] [C] [D] [E] [F] [G]   74. [A] [B] [C] [D] [E] [F] [G]
65. [A] [B] [C] [D] [E] [F] [G]   70. [A] [B] [C] [D] [E] [F] [G]   75. [A] [B] [C] [D] [E] [F] [G]

76. [A] [B] [C] [D] [E] [F] [G]   81. [A] [B] [C] [D] [E] [F] [G]   86. [A] [B] [C] [D] [E] [F] [G]
77. [A] [B] [C] [D] [E] [F] [G]   82. [A] [B] [C] [D] [E] [F] [G]   87. [A] [B] [C] [D] [E] [F] [G]
78. [A] [B] [C] [D] [E] [F] [G]   83. [A] [B] [C] [D] [E] [F] [G]   88. [A] [B] [C] [D] [E] [F] [G]
79. [A] [B] [C] [D] [E] [F] [G]   84. [A] [B] [C] [D] [E] [F] [G]   89. [A] [B] [C] [D] [E] [F] [G]
80. [A] [B] [C] [D] [E] [F] [G]   85. [A] [B] [C] [D] [E] [F] [G]   90. [A] [B] [C] [D] [E] [F] [G]

91. [A] [B] [C] [D] [E] [F] [G]   96. [A] [B] [C] [D] [E] [F] [G]   101. [A] [B] [C] [D] [E] [F] [G]
92. [A] [B] [C] [D] [E] [F] [G]   97. [A] [B] [C] [D] [E] [F] [G]   102. [A] [B] [C] [D] [E] [F] [G]
93. [A] [B] [C] [D] [E] [F] [G]   98. [A] [B] [C] [D] [E] [F] [G]   103. [A] [B] [C] [D] [E] [F] [G]
94. [A] [B] [C] [D] [E] [F] [G]   99. [A] [B] [C] [D] [E] [F] [G]   104. [A] [B] [C] [D] [E] [F] [G]
95. [A] [B] [C] [D] [E] [F] [G]   100. [A] [B] [C] [D] [E] [F] [G]   105. [A] [B] [C] [D] [E] [F] [G]

106. [A] [B] [C] [D] [E] [F] [G]   111. [A] [B] [C] [D] [E] [F] [G]   116. [A] [B] [C] [D] [E] [F] [G]
107. [A] [B] [C] [D] [E] [F] [G]   112. [A] [B] [C] [D] [E] [F] [G]   117. [A] [B] [C] [D] [E] [F] [G]
108. [A] [B] [C] [D] [E] [F] [G]   113. [A] [B] [C] [D] [E] [F] [G]   118. [A] [B] [C] [D] [E] [F] [G]
109. [A] [B] [C] [D] [E] [F] [G]   114. [A] [B] [C] [D] [E] [F] [G]   119. [A] [B] [C] [D] [E] [F] [G]
110. [A] [B] [C] [D] [E] [F] [G]   115. [A] [B] [C] [D] [E] [F] [G]   120. [A] [B] [C] [D] [E] [F] [G]

121. [A] [B] [C] [D] [E] [F] [G]   126. [A] [B] [C] [D] [E] [F] [G]   131. [A] [B] [C] [D] [E] [F] [G]
122. [A] [B] [C] [D] [E] [F] [G]   127. [A] [B] [C] [D] [E] [F] [G]   132. [A] [B] [C] [D] [E] [F] [G]
123. [A] [B] [C] [D] [E] [F] [G]   128. [A] [B] [C] [D] [E] [F] [G]   133. [A] [B] [C] [D] [E] [F] [G]
124. [A] [B] [C] [D] [E] [F] [G]   129. [A] [B] [C] [D] [E] [F] [G]   134. [A] [B] [C] [D] [E] [F] [G]
125. [A] [B] [C] [D] [E] [F] [G]   130. [A] [B] [C] [D] [E] [F] [G]   135. [A] [B] [C] [D] [E] [F] [G]

136. [A] [B] [C] [D] [E] [F] [G]   141. [A] [B] [C] [D] [E] [F] [G]   146. [A] [B] [C] [D] [E] [F] [G]
137. [A] [B] [C] [D] [E] [F] [G]   142. [A] [B] [C] [D] [E] [F] [G]   147. [A] [B] [C] [D] [E] [F] [G]
138. [A] [B] [C] [D] [E] [F] [G]   143. [A] [B] [C] [D] [E] [F] [G]   148. [A] [B] [C] [D] [E] [F] [G]
139. [A] [B] [C] [D] [E] [F] [G]   144. [A] [B] [C] [D] [E] [F] [G]   149. [A] [B] [C] [D] [E] [F] [G]
140. [A] [B] [C] [D] [E] [F] [G]   145. [A] [B] [C] [D] [E] [F] [G]   150. [A] [B] [C] [D] [E] [F] [G]

《国际汉语教师证书》考试仿真预测试卷答题卡

姓　　名	
中文姓名	

序号	[0] [1] [2] [3] [4] [5] [6] [7] [8] [9]
	[0] [1] [2] [3] [4] [5] [6] [7] [8] [9]
	[0] [1] [2] [3] [4] [5] [6] [7] [8] [9]
	[0] [1] [2] [3] [4] [5] [6] [7] [8] [9]
	[0] [1] [2] [3] [4] [5] [6] [7] [8] [9]

考点代码	[0] [1] [2] [3] [4] [5] [6] [7] [8] [9]
	[0] [1] [2] [3] [4] [5] [6] [7] [8] [9]
	[0] [1] [2] [3] [4] [5] [6] [7] [8] [9]
	[0] [1] [2] [3] [4] [5] [6] [7] [8] [9]
	[0] [1] [2] [3] [4] [5] [6] [7] [8] [9]
	[0] [1] [2] [3] [4] [5] [6] [7] [8] [9]
	[0] [1] [2] [3] [4] [5] [6] [7] [8] [9]

国籍	中国
	[0] [1] [2] [3] [4] [5] [6] [7] [8] [9]
	[0] [1] [2] [3] [4] [5] [6] [7] [8] [9]
	[0] [1] [2] [3] [4] [5] [6] [7] [8] [9]

性别	男[1]　　女[2]
年龄	[0] [1] [2] [3] [4] [5] [6] [7] [8] [9]
	[0] [1] [2] [3] [4] [5] [6] [7] [8] [9]

注意　请用2B铅笔这样写：■

1. [A] [B] [C] [D] [E] [F] [G]　　6. [A] [B] [C] [D] [E] [F] [G]　　11. [A] [B] [C] [D] [E] [F] [G]
2. [A] [B] [C] [D] [E] [F] [G]　　7. [A] [B] [C] [D] [E] [F] [G]　　12. [A] [B] [C] [D] [E] [F] [G]
3. [A] [B] [C] [D] [E] [F] [G]　　8. [A] [B] [C] [D] [E] [F] [G]　　13. [A] [B] [C] [D] [E] [F] [G]
4. [A] [B] [C] [D] [E] [F] [G]　　9. [A] [B] [C] [D] [E] [F] [G]　　14. [A] [B] [C] [D] [E] [F] [G]
5. [A] [B] [C] [D] [E] [F] [G]　　10. [A] [B] [C] [D] [E] [F] [G]　　15. [A] [B] [C] [D] [E] [F] [G]

16. [A] [B] [C] [D] [E] [F] [G]　　21. [A] [B] [C] [D] [E] [F] [G]　　26. [A] [B] [C] [D] [E] [F] [G]
17. [A] [B] [C] [D] [E] [F] [G]　　22. [A] [B] [C] [D] [E] [F] [G]　　27. [A] [B] [C] [D] [E] [F] [G]
18. [A] [B] [C] [D] [E] [F] [G]　　23. [A] [B] [C] [D] [E] [F] [G]　　28. [A] [B] [C] [D] [E] [F] [G]
19. [A] [B] [C] [D] [E] [F] [G]　　24. [A] [B] [C] [D] [E] [F] [G]　　29. [A] [B] [C] [D] [E] [F] [G]
20. [A] [B] [C] [D] [E] [F] [G]　　25. [A] [B] [C] [D] [E] [F] [G]　　30. [A] [B] [C] [D] [E] [F] [G]

31. [A] [B] [C] [D] [E] [F] [G]　　36. [A] [B] [C] [D] [E] [F] [G]　　41. [A] [B] [C] [D] [E] [F] [G]
32. [A] [B] [C] [D] [E] [F] [G]　　37. [A] [B] [C] [D] [E] [F] [G]　　42. [A] [B] [C] [D] [E] [F] [G]
33. [A] [B] [C] [D] [E] [F] [G]　　38. [A] [B] [C] [D] [E] [F] [G]　　43. [A] [B] [C] [D] [E] [F] [G]
34. [A] [B] [C] [D] [E] [F] [G]　　39. [A] [B] [C] [D] [E] [F] [G]　　44. [A] [B] [C] [D] [E] [F] [G]
35. [A] [B] [C] [D] [E] [F] [G]　　40. [A] [B] [C] [D] [E] [F] [G]　　45. [A] [B] [C] [D] [E] [F] [G]

46. [A] [B] [C] [D] [E] [F] [G]　　51. [A] [B] [C] [D] [E] [F] [G]　　56. [A] [B] [C] [D] [E] [F] [G]
47. [A] [B] [C] [D] [E] [F] [G]　　52. [A] [B] [C] [D] [E] [F] [G]　　57. [A] [B] [C] [D] [E] [F] [G]
48. [A] [B] [C] [D] [E] [F] [G]　　53. [A] [B] [C] [D] [E] [F] [G]　　58. [A] [B] [C] [D] [E] [F] [G]
49. [A] [B] [C] [D] [E] [F] [G]　　54. [A] [B] [C] [D] [E] [F] [G]　　59. [A] [B] [C] [D] [E] [F] [G]
50. [A] [B] [C] [D] [E] [F] [G]　　55. [A] [B] [C] [D] [E] [F] [G]　　60. [A] [B] [C] [D] [E] [F] [G]

说明：
1. 本卡为模拟机读卡，仅作为考生填涂练习及方便模拟考试阅卷之用，不可机读。
2. 卡中所列项目及格式与真实考试答题卡略有不同。

61. [A] [B] [C] [D] [E] [F] [G]   66. [A] [B] [C] [D] [E] [F] [G]   71. [A] [B] [C] [D] [E] [F] [G]
62. [A] [B] [C] [D] [E] [F] [G]   67. [A] [B] [C] [D] [E] [F] [G]   72. [A] [B] [C] [D] [E] [F] [G]
63. [A] [B] [C] [D] [E] [F] [G]   68. [A] [B] [C] [D] [E] [F] [G]   73. [A] [B] [C] [D] [E] [F] [G]
64. [A] [B] [C] [D] [E] [F] [G]   69. [A] [B] [C] [D] [E] [F] [G]   74. [A] [B] [C] [D] [E] [F] [G]
65. [A] [B] [C] [D] [E] [F] [G]   70. [A] [B] [C] [D] [E] [F] [G]   75. [A] [B] [C] [D] [E] [F] [G]

76. [A] [B] [C] [D] [E] [F] [G]   81. [A] [B] [C] [D] [E] [F] [G]   86. [A] [B] [C] [D] [E] [F] [G]
77. [A] [B] [C] [D] [E] [F] [G]   82. [A] [B] [C] [D] [E] [F] [G]   87. [A] [B] [C] [D] [E] [F] [G]
78. [A] [B] [C] [D] [E] [F] [G]   83. [A] [B] [C] [D] [E] [F] [G]   88. [A] [B] [C] [D] [E] [F] [G]
79. [A] [B] [C] [D] [E] [F] [G]   84. [A] [B] [C] [D] [E] [F] [G]   89. [A] [B] [C] [D] [E] [F] [G]
80. [A] [B] [C] [D] [E] [F] [G]   85. [A] [B] [C] [D] [E] [F] [G]   90. [A] [B] [C] [D] [E] [F] [G]

91. [A] [B] [C] [D] [E] [F] [G]   96. [A] [B] [C] [D] [E] [F] [G]   101. [A] [B] [C] [D] [E] [F] [G]
92. [A] [B] [C] [D] [E] [F] [G]   97. [A] [B] [C] [D] [E] [F] [G]   102. [A] [B] [C] [D] [E] [F] [G]
93. [A] [B] [C] [D] [E] [F] [G]   98. [A] [B] [C] [D] [E] [F] [G]   103. [A] [B] [C] [D] [E] [F] [G]
94. [A] [B] [C] [D] [E] [F] [G]   99. [A] [B] [C] [D] [E] [F] [G]   104. [A] [B] [C] [D] [E] [F] [G]
95. [A] [B] [C] [D] [E] [F] [G]   100. [A] [B] [C] [D] [E] [F] [G]   105. [A] [B] [C] [D] [E] [F] [G]

106. [A] [B] [C] [D] [E] [F] [G]   111. [A] [B] [C] [D] [E] [F] [G]   116. [A] [B] [C] [D] [E] [F] [G]
107. [A] [B] [C] [D] [E] [F] [G]   112. [A] [B] [C] [D] [E] [F] [G]   117. [A] [B] [C] [D] [E] [F] [G]
108. [A] [B] [C] [D] [E] [F] [G]   113. [A] [B] [C] [D] [E] [F] [G]   118. [A] [B] [C] [D] [E] [F] [G]
109. [A] [B] [C] [D] [E] [F] [G]   114. [A] [B] [C] [D] [E] [F] [G]   119. [A] [B] [C] [D] [E] [F] [G]
110. [A] [B] [C] [D] [E] [F] [G]   115. [A] [B] [C] [D] [E] [F] [G]   120. [A] [B] [C] [D] [E] [F] [G]

121. [A] [B] [C] [D] [E] [F] [G]   126. [A] [B] [C] [D] [E] [F] [G]   131. [A] [B] [C] [D] [E] [F] [G]
122. [A] [B] [C] [D] [E] [F] [G]   127. [A] [B] [C] [D] [E] [F] [G]   132. [A] [B] [C] [D] [E] [F] [G]
123. [A] [B] [C] [D] [E] [F] [G]   128. [A] [B] [C] [D] [E] [F] [G]   133. [A] [B] [C] [D] [E] [F] [G]
124. [A] [B] [C] [D] [E] [F] [G]   129. [A] [B] [C] [D] [E] [F] [G]   134. [A] [B] [C] [D] [E] [F] [G]
125. [A] [B] [C] [D] [E] [F] [G]   130. [A] [B] [C] [D] [E] [F] [G]   135. [A] [B] [C] [D] [E] [F] [G]

136. [A] [B] [C] [D] [E] [F] [G]   141. [A] [B] [C] [D] [E] [F] [G]   146. [A] [B] [C] [D] [E] [F] [G]
137. [A] [B] [C] [D] [E] [F] [G]   142. [A] [B] [C] [D] [E] [F] [G]   147. [A] [B] [C] [D] [E] [F] [G]
138. [A] [B] [C] [D] [E] [F] [G]   143. [A] [B] [C] [D] [E] [F] [G]   148. [A] [B] [C] [D] [E] [F] [G]
139. [A] [B] [C] [D] [E] [F] [G]   144. [A] [B] [C] [D] [E] [F] [G]   149. [A] [B] [C] [D] [E] [F] [G]
140. [A] [B] [C] [D] [E] [F] [G]   145. [A] [B] [C] [D] [E] [F] [G]   150. [A] [B] [C] [D] [E] [F] [G]

姓　　名	
中文姓名	

考点代码	[0] [1] [2] [3] [4] [5] [6] [7] [8] [9]
	[0] [1] [2] [3] [4] [5] [6] [7] [8] [9]
	[0] [1] [2] [3] [4] [5] [6] [7] [8] [9]
	[0] [1] [2] [3] [4] [5] [6] [7] [8] [9]
	[0] [1] [2] [3] [4] [5] [6] [7] [8] [9]
	[0] [1] [2] [3] [4] [5] [6] [7] [8] [9]
	[0] [1] [2] [3] [4] [5] [6] [7] [8] [9]

序号	[0] [1] [2] [3] [4] [5] [6] [7] [8] [9]
	[0] [1] [2] [3] [4] [5] [6] [7] [8] [9]
	[0] [1] [2] [3] [4] [5] [6] [7] [8] [9]
	[0] [1] [2] [3] [4] [5] [6] [7] [8] [9]
	[0] [1] [2] [3] [4] [5] [6] [7] [8] [9]

国籍	中国
	[0] [1] [2] [3] [4] [5] [6] [7] [8] [9]
	[0] [1] [2] [3] [4] [5] [6] [7] [8] [9]
	[0] [1] [2] [3] [4] [5] [6] [7] [8] [9]

性别	男[1]　　女[2]
年龄	[0] [1] [2] [3] [4] [5] [6] [7] [8] [9]
	[0] [1] [2] [3] [4] [5] [6] [7] [8] [9]

注意　请用2B铅笔这样写：■

1. [A] [B] [C] [D] [E] [F] [G]
2. [A] [B] [C] [D] [E] [F] [G]
3. [A] [B] [C] [D] [E] [F] [G]
4. [A] [B] [C] [D] [E] [F] [G]
5. [A] [B] [C] [D] [E] [F] [G]

6. [A] [B] [C] [D] [E] [F] [G]
7. [A] [B] [C] [D] [E] [F] [G]
8. [A] [B] [C] [D] [E] [F] [G]
9. [A] [B] [C] [D] [E] [F] [G]
10. [A] [B] [C] [D] [E] [F] [G]

11. [A] [B] [C] [D] [E] [F] [G]
12. [A] [B] [C] [D] [E] [F] [G]
13. [A] [B] [C] [D] [E] [F] [G]
14. [A] [B] [C] [D] [E] [F] [G]
15. [A] [B] [C] [D] [E] [F] [G]

16. [A] [B] [C] [D] [E] [F] [G]
17. [A] [B] [C] [D] [E] [F] [G]
18. [A] [B] [C] [D] [E] [F] [G]
19. [A] [B] [C] [D] [E] [F] [G]
20. [A] [B] [C] [D] [E] [F] [G]

21. [A] [B] [C] [D] [E] [F] [G]
22. [A] [B] [C] [D] [E] [F] [G]
23. [A] [B] [C] [D] [E] [F] [G]
24. [A] [B] [C] [D] [E] [F] [G]
25. [A] [B] [C] [D] [E] [F] [G]

26. [A] [B] [C] [D] [E] [F] [G]
27. [A] [B] [C] [D] [E] [F] [G]
28. [A] [B] [C] [D] [E] [F] [G]
29. [A] [B] [C] [D] [E] [F] [G]
30. [A] [B] [C] [D] [E] [F] [G]

31. [A] [B] [C] [D] [E] [F] [G]
32. [A] [B] [C] [D] [E] [F] [G]
33. [A] [B] [C] [D] [E] [F] [G]
34. [A] [B] [C] [D] [E] [F] [G]
35. [A] [B] [C] [D] [E] [F] [G]

36. [A] [B] [C] [D] [E] [F] [G]
37. [A] [B] [C] [D] [E] [F] [G]
38. [A] [B] [C] [D] [E] [F] [G]
39. [A] [B] [C] [D] [E] [F] [G]
40. [A] [B] [C] [D] [E] [F] [G]

41. [A] [B] [C] [D] [E] [F] [G]
42. [A] [B] [C] [D] [E] [F] [G]
43. [A] [B] [C] [D] [E] [F] [G]
44. [A] [B] [C] [D] [E] [F] [G]
45. [A] [B] [C] [D] [E] [F] [G]

46. [A] [B] [C] [D] [E] [F] [G]
47. [A] [B] [C] [D] [E] [F] [G]
48. [A] [B] [C] [D] [E] [F] [G]
49. [A] [B] [C] [D] [E] [F] [G]
50. [A] [B] [C] [D] [E] [F] [G]

51. [A] [B] [C] [D] [E] [F] [G]
52. [A] [B] [C] [D] [E] [F] [G]
53. [A] [B] [C] [D] [E] [F] [G]
54. [A] [B] [C] [D] [E] [F] [G]
55. [A] [B] [C] [D] [E] [F] [G]

56. [A] [B] [C] [D] [E] [F] [G]
57. [A] [B] [C] [D] [E] [F] [G]
58. [A] [B] [C] [D] [E] [F] [G]
59. [A] [B] [C] [D] [E] [F] [G]
60. [A] [B] [C] [D] [E] [F] [G]

说明：
1. 本卡为模拟机读卡，仅作为考生填涂练习及方便模拟考试阅卷之用，不可机读。
2. 卡中所列项目及格式与真实考试答题卡略有不同。

61. [A] [B] [C] [D] [E] [F] [G]   66. [A] [B] [C] [D] [E] [F] [G]   71. [A] [B] [C] [D] [E] [F] [G]
62. [A] [B] [C] [D] [E] [F] [G]   67. [A] [B] [C] [D] [E] [F] [G]   72. [A] [B] [C] [D] [E] [F] [G]
63. [A] [B] [C] [D] [E] [F] [G]   68. [A] [B] [C] [D] [E] [F] [G]   73. [A] [B] [C] [D] [E] [F] [G]
64. [A] [B] [C] [D] [E] [F] [G]   69. [A] [B] [C] [D] [E] [F] [G]   74. [A] [B] [C] [D] [E] [F] [G]
65. [A] [B] [C] [D] [E] [F] [G]   70. [A] [B] [C] [D] [E] [F] [G]   75. [A] [B] [C] [D] [E] [F] [G]

76. [A] [B] [C] [D] [E] [F] [G]   81. [A] [B] [C] [D] [E] [F] [G]   86. [A] [B] [C] [D] [E] [F] [G]
77. [A] [B] [C] [D] [E] [F] [G]   82. [A] [B] [C] [D] [E] [F] [G]   87. [A] [B] [C] [D] [E] [F] [G]
78. [A] [B] [C] [D] [E] [F] [G]   83. [A] [B] [C] [D] [E] [F] [G]   88. [A] [B] [C] [D] [E] [F] [G]
79. [A] [B] [C] [D] [E] [F] [G]   84. [A] [B] [C] [D] [E] [F] [G]   89. [A] [B] [C] [D] [E] [F] [G]
80. [A] [B] [C] [D] [E] [F] [G]   85. [A] [B] [C] [D] [E] [F] [G]   90. [A] [B] [C] [D] [E] [F] [G]

91. [A] [B] [C] [D] [E] [F] [G]   96. [A] [B] [C] [D] [E] [F] [G]   101. [A] [B] [C] [D] [E] [F] [G]
92. [A] [B] [C] [D] [E] [F] [G]   97. [A] [B] [C] [D] [E] [F] [G]   102. [A] [B] [C] [D] [E] [F] [G]
93. [A] [B] [C] [D] [E] [F] [G]   98. [A] [B] [C] [D] [E] [F] [G]   103. [A] [B] [C] [D] [E] [F] [G]
94. [A] [B] [C] [D] [E] [F] [G]   99. [A] [B] [C] [D] [E] [F] [G]   104. [A] [B] [C] [D] [E] [F] [G]
95. [A] [B] [C] [D] [E] [F] [G]   100. [A] [B] [C] [D] [E] [F] [G]   105. [A] [B] [C] [D] [E] [F] [G]

106. [A] [B] [C] [D] [E] [F] [G]   111. [A] [B] [C] [D] [E] [F] [G]   116. [A] [B] [C] [D] [E] [F] [G]
107. [A] [B] [C] [D] [E] [F] [G]   112. [A] [B] [C] [D] [E] [F] [G]   117. [A] [B] [C] [D] [E] [F] [G]
108. [A] [B] [C] [D] [E] [F] [G]   113. [A] [B] [C] [D] [E] [F] [G]   118. [A] [B] [C] [D] [E] [F] [G]
109. [A] [B] [C] [D] [E] [F] [G]   114. [A] [B] [C] [D] [E] [F] [G]   119. [A] [B] [C] [D] [E] [F] [G]
110. [A] [B] [C] [D] [E] [F] [G]   115. [A] [B] [C] [D] [E] [F] [G]   120. [A] [B] [C] [D] [E] [F] [G]

121. [A] [B] [C] [D] [E] [F] [G]   126. [A] [B] [C] [D] [E] [F] [G]   131. [A] [B] [C] [D] [E] [F] [G]
122. [A] [B] [C] [D] [E] [F] [G]   127. [A] [B] [C] [D] [E] [F] [G]   132. [A] [B] [C] [D] [E] [F] [G]
123. [A] [B] [C] [D] [E] [F] [G]   128. [A] [B] [C] [D] [E] [F] [G]   133. [A] [B] [C] [D] [E] [F] [G]
124. [A] [B] [C] [D] [E] [F] [G]   129. [A] [B] [C] [D] [E] [F] [G]   134. [A] [B] [C] [D] [E] [F] [G]
125. [A] [B] [C] [D] [E] [F] [G]   130. [A] [B] [C] [D] [E] [F] [G]   135. [A] [B] [C] [D] [E] [F] [G]

136. [A] [B] [C] [D] [E] [F] [G]   141. [A] [B] [C] [D] [E] [F] [G]   146. [A] [B] [C] [D] [E] [F] [G]
137. [A] [B] [C] [D] [E] [F] [G]   142. [A] [B] [C] [D] [E] [F] [G]   147. [A] [B] [C] [D] [E] [F] [G]
138. [A] [B] [C] [D] [E] [F] [G]   143. [A] [B] [C] [D] [E] [F] [G]   148. [A] [B] [C] [D] [E] [F] [G]
139. [A] [B] [C] [D] [E] [F] [G]   144. [A] [B] [C] [D] [E] [F] [G]   149. [A] [B] [C] [D] [E] [F] [G]
140. [A] [B] [C] [D] [E] [F] [G]   145. [A] [B] [C] [D] [E] [F] [G]   150. [A] [B] [C] [D] [E] [F] [G]

《国际汉语教师证书》考试
仿真预测试卷

（第一辑）

答案与解析

目　录

仿真预测试卷一

第一部分

1. C

　　此题考查/a/的音位变体。后两句中共有四个字的韵母含/a/，分别是"下""三""千""天"。"下"的音位变体是［A］，"三"的音位变体是［a］，"千"和"天"的音位变体是［ɛ］。

2. C

　　此题考查修辞格。题中"三千尺"运用了夸张的修辞格，"疑是银河"运用了比喻的修辞格。

3. D

　　此题考查汉字的造字法。选项中的字造字方法分别是：

　　A：象形 会意

　　B：指事 形声

　　C：形声 指事

　　D：形声 形声

4. D

　　此题考查汉语声母的发音。"瀑布"这两个字的声母分别为p、b。从发音部位来看，二者都是双唇音；从发音方法来看，阻碍的方式都是塞音，且都是清音，声带不振动。二者的区别在于，p是送气音，呼出的气流较强，b是不送气音，呼出的气流较弱。

5. A

　　此题考查音节的结构。"遥""烟""尺""疑""银"的音节结构如下表：

例字	声母	韵母		
		韵头	韵腹	韵尾
遥		i	a	o
烟		i	a	n
尺	ch		-i［ʅ］	
疑			i	
银			i	n

6. A

　　此题考查国际音标。"川"的声母是ch，对应的国际音标是［tʂ'］，韵母是uan，对应的国际音标是［uan］。

7. D

此题考查汉字的形体演变顺序。汉字演变顺序是甲骨文、金文、篆书、隶书、楷书、草书和行书。选项中的字体顺序分别是：

A：甲骨文－隶书－篆书－楷书

B：篆书－隶书－甲骨文－楷书

C：篆书－甲骨文－楷书－隶书

D：甲骨文－篆书－隶书－楷书

答题思路与技巧：古文字是线条性的，今文字是笔画性的，答案必在C、D中。

8. A

此题考查对语素和音节定义的理解。"阿司匹林"是一个音译的外来词，它是一个语素，"片"表示"药片"，也是一个语素。汉语中除儿化词外，其他一般都是一个汉字一个音节。"阿司匹林片"包含五个汉字，是五个音节。

答题思路与技巧：先判断出五个字是五个音节，答案必在A、B中。

9. A

此题考查汉语复合词的构词类型。"首饰"是偏正型复合词。

A. 火红：偏正型复合词。

B. 合成：补充型复合词。

C. 年轻：主谓型复合词。

D. 治理：联合型复合词。

10. B

此题考查对双宾句和兼语句这两种特殊句型的理解。②是双宾句，"她"和"一个钥匙"都是"给"的宾语。A、C、D都是双宾句，B是兼语句，"你"既是"谢谢"的宾语，也是"帮助"的主语。

11. A

此题考查的是"给"的语法功能。③处"给"是动词。A是动词，B、C、D是介词，表示跟动作有关的对象。

12. D

此题考查"不"的变调。题中"不够大"的"不"在去声"够"前，应变读为35；"不能骑"的"不"在阳平"能"前，仍读去声，调值为51。

答题思路与技巧：B、D半同半异，答案在B、D中的可能性较大。

13. A

此题考查"起"的语法功能及意义。①处的"起"是趋向动词，表示向上。

A. 趋向动词，表示向上。

B. 趋向动词，表示开始。

C. 趋向动词，表示事物随动作出现。

D. 趋向动词，表示动作关涉对象。

答题思路与技巧：①和 A 用的是本义，B、C、D 用的是引申义。

14．B

此题考查副词"就"和副词"就是"的区别。表加强肯定，是副词"就"的语法意义；表确定范围，排除其他，是副词"就是"的语法意义。②句中的"就是"是两个词，"就"是副词，"是"是判断动词；③句中的"就是"是一个副词。

15．C

此题考查补语的语义类型。④处是状态补语，状态补语表示由于动作、性状而呈现出来的状态，有的用作评价，有的用作描写。A、B、D 都是状态补语，C 是程度补语。

16－19．A D B E

此题考查词义分析的方法与有关概念。材料中的三个步骤是义素分析法的步骤。"父亲的哥哥"和"母亲的姐妹"是"伯伯""姨娘"的理性意义的说明，是义项。"男性""长一辈""父系"等都是构成"伯伯"词义的最小意义单位，因此它们是义素，也就是区别特征。"长一辈"是"伯伯"和"姨娘"的义素里都有的特征，因此是共同义素。

20．C

此题考查对教学过程的把握。题干是对几种句式的总结，应在讲解之后、练习之前进行。

21．D

此题考查对汉语教学课型的理解。材料是对语法知识的讲解操练，属于综合课的内容，而 A、B、C 是专项技能课（即读、说、写技能课）。

22．A

此题考查对汉语语法项目等级及学生水平的掌握。"比"字句在《国际汉语教学通用课程大纲》中属于三级语法项目，应为初级水平。

23．D

此题考查对偏误类型的理解掌握。题中前一句应该是"哥哥比我高一点儿"，因此是错序；后一句用"比较"代替了意思相近的"比"，因此是替代。

答题思路与技巧：A、C、D 半同半异，答案在 A、C、D 中的可能性较大。

24．C

此题考查对同形词、同音词及异读词概念的理解及掌握。题中"年轻"和"年青"属于语音形式相同，但是书写形式不同，意义也不同的同音词。

答题思路与技巧：两词写法不同，排除 A、D；读音相同，排除 B。

25．A

此题考查对外来词类型的掌握。"可卡因"是照着外语词的声音对译过来的，是音译词。

    A．扑克：音译词。

    B．啤酒：音译加意译外来词。

    C．浪漫主义：音意兼译外来词。

    D．卡车：音译加意译外来词。

    答题思路与技巧：B、D相同，先排除。

26．C

    此题考查对语音四要素概念的理解。发音体的松紧程度改变的是声音的高低，因此题中小提琴琴弦的松紧度改变的是琴音的音高。

27．D

    此题考查的是对复句类型的掌握。题中"小提琴的琴弦放得太松"提出假设，"琴音就会很低沉"表示在这种假设情况下产生的结果，因此是假设关系的复句。

    答题思路与技巧："如果……就"是表示假设关系的一组关联词语。

28．A

    此题考查对汉语语法项目的理解。存现句是表示人或事物存在、出现或消失的句子。其中存在句表示什么地方存在什么人或什么事物。材料中例句表示"墙上"存在"一幅画"，是存现句中的存在句。

29．D

    此题考查对存现句的语法规则的掌握。首先，动词后不仅可以是助词，还可以是补语，如"墙上挂满了画"；其次，动词后的名词是不确指的，如"一幅画""两本字典"等。

    答题思路与技巧：C、D半同半异，答案在C、D中的可能性较大。

30．A

    此题考查对汉语语法项目难度等级的掌握。存现句在《国际汉语教学通用课程大纲》汉语语法项目分级表中属于三级语法项目，双宾句也属于三级语法项目，形容词谓语句属于一级语法项目，结果补语和"把"字句都属于五级语法项目。

31．C

    此题考查对语法练习类型的理解。语法练习的形式有机械性练习、有意义练习和交际性练习等。材料中的练习方式是对句型中的主要成分进行替换，属于机械性练习。

32．A

    此题考查对"了"的不同语法意义的理解。首先①处的"了"在句末，因此是语气助词；其次"换房子了"表示事态已经发生了变化。

33．B

    此题考查对"了"的语法意义的理解和掌握。A、C、D的回答："便宜了""好了""瘦了"都表示事态已经发生了变化，与句①相同。只有B的回答："快下课了"，表示即将出现变化。

34．C

此题考查的是对动宾结构和述补结构的理解。"住了两个月"是述补结构，"两个月"是时量补语。

    A．动宾结构，"人"是施事宾语。

    B．动宾结构，"人"是施事宾语。

    C．述补结构，"四次"是动量补语。

    D．动宾结构，"书"是受事宾语。

35．A

此题考查对不同类型的主谓谓语句的理解及掌握。题中"我挺喜欢的"是"你以前那个房子"的大谓语，"你以前的那个房子"是小谓语中动词"喜欢"的受事，因此是受事性主谓谓语句。

36．B

此题考查对话语结构相关概念的掌握。材料中加点的是艾力一次说的话。在会话中每一个参与者一次连续说的话，就是一个话轮。

37．C

此题考查对斯金纳操作学习理论的掌握。顿悟—完形说是德国格式塔心理学派提出的学习理论，尝试—错误学习理论是美国桑代克提出的，认知—发现说是美国布鲁纳的学习理论。

38．A

此题考查对学习理论流派的掌握。行为主义学习理论认为学习是人和动物受环境支配、获得经验而被动形成的行为的改变。材料中白鼠在按压杠杆后获得了食物便强化了按压杠杆的行为，最终学会主动压杠杆，被动形成了行为的改变，显示了行为主义学习理论的心理活动规律。

39．D

此题考查对行为主义学习理论和认知学习理论特点的掌握。行为主义学习理论强调环境的支配作用，把学习看做是渐进的过程，着重研究外显的行为。A、B、C都是认知主义学习理论的特点。

40．C

此题考查对教学法流派的掌握。A做法是为了让学习者消除心理障碍，受人本主义学习理论的影响。B做法是为了让学习者能从语言的功能出发进行社会交际，受人本主义学习理论的影响。C做法是为了让学习者通过强化加强刺激与反应之间的联结，受行为主义学习理论的影响。D做法是为了让学习者理解并自觉掌握语言规则，受认知学习理论的影响。

41．B

此题考查的是对古汉语中"也"的表达功能的理解。①句译文："好的厨师一年换一次刀，是因为他用来割；一般的厨师一个月换一次刀，因为他用来砍。"这里"也"表示解释原因。

42. C

此题考查的是对"间"的义项的理解。画线句译文："那牛的骨节有间隙，而刀刃没有厚度。"

答题思路与技巧："有间"，"间"应为名词，故排除 B、D。

43. A

此题考查对古汉语中"以"和"是"的用法和意义的掌握。"是以"的"是"是代词，作介词"以"的宾语构成介宾结构，宾语"是"前置。"是以"也就是"以是"，相当于"因此"。

44. B

此题考查对汉语熟语系统相关概念的掌握。"一日之计在于晨"是流传于民间的形象通俗而含义深刻的语句，也就是谚语。

45. B

此题考查对干扰信息保持因素的理解及掌握。早晨读书记忆效果更好是因为没有前边的学习活动的影响，也就是前摄抑制弱。

46. C

此题考查判断偏误类型的能力。材料中一共有三处状语与谓语动词错序的偏误："学习科技在中国""学习科技用中文""想工作在中国"。

47. A

此题考查分析偏误来源的能力。该生是一位母语为英语的学生，他将英语语法直接套用到了汉语中，按照"study technology in China" "study technology with Chinese""want to work in China"的顺序说汉语。因此偏误原因是母语负迁移。

48. B

此题考查的是修改病句的原则及运用。修改病句要忠于原意，从简，尽量维持原句的结构，且修改应跟造成病句的原因保持一致。①处的"问"使用不当，此病句只需将"问"改成"请"。

49. A

此题考查对离合词特征的理解掌握。"帮助"的"帮"和"助"意义相同，且都是动词，因此是联合型复合词。"帮忙"是离合词，是动宾结构的复合词。

50. C

此题考查语言学习中对偏误的处理方法。教师应对学习者的偏误给予适当的指导，完全忽视则学习者不能认识到问题，不给予指导则会浪费学习者大量时间甚至不得要领，逐个讲解则可能浪费大部分人的课堂时间。

答题思路与技巧：语言表述过于极端、夸大、绝对化的选项常常是错误的，故可考虑排除 A、D。

第二部分

51—55. D C B F A

此题考查的是纠错模式。常见的纠错模式有：

明确纠正：直接指出错误并告诉学生正确的形式；

重铸：把学生的偏误句用正确的方式重述一遍，不改变原来的意思；

提供元语言认识：讲解语言本身的差异，让学生意识到自己的错误；

要求澄清：出现偏误的时候要求学生重新表述；

重复：用升调重复学生的偏误，以引起学生的注意；

诱导：通过提问诱导学生说出正确的句子。

56—59. C E A F

此题考查的是教学方法。

第56题，问答法，用指定词语提问，用规定词语回答问题。

第57题，图片展示法，利用图画、具体形象的图示等辅助手段，学生比较容易理解和掌握。

第58题，设置情景法，教师通过一个具体情境的设置，通过问答、展示图画、讲故事等方式，引导出要讲的词汇、语法点。

第59题，替换练习是句式练习的一种方法，经常用于同一语言点的词汇替换。教师用所学语言点给出一个标准的词组或句子，然后引导学生找出替换的词语，再由学生替换出新词组或新句子。

60. D

此题考查口语课的讲练比例。在口语课上，学生的练习时间不能少于70%，教师最恰当的讲练比例是3∶7。

61. B

此题考查的是教材类型。《汉语会话301句》是一套典型的"功能—结构"类教材。

62. C

此题考查口语测试题型的选择。口语测试的题型包括：朗读、问答、复述、看图说话、口头叙述、角色扮演、讨论或辩论等。讨论或辩论适合汉语水平较高的学生，案例是初级口语教材，所以不太适合。

63. A

此题考查教室座位布置。分组课堂活动常常采用模块型座位，把学生按小组划分为不同的座位模块和区域。

64. B

此题考查课堂教学的类型。教师设置较多口语练习，重在帮助学生练习时间表达，是口语课。

65. C

此题考查课堂教学环节。正式教学开始前，先与学生问好，提醒学生开始上课，属于组织教学这一课堂步骤。

66. A

此题考查的是教学延伸内容。选项 A 与时间表达非常贴切，同时与原先的课堂活动设计联系密切，且难度上层层递进。

67. B

此题考查教学模式。归纳法，教师首先给学生提供丰富的、含有语法点的例句或语言材料，让学生在接触这些语言材料或例句的过程中慢慢感知、体会，最后引导学生自己总结出语法规则。

68. A

此题考查纠错方式。"吃"与"喝"语义不同之处较为明显，教师可以用简单的语言讲清楚，再让学生继续练习。

69. D

此题考查课堂紧急情况的处理。查找资料，让学生主动去寻找答案，最符合学生初级阶段水平，也最大程度调动了学生学习的积极性。

答题思路与技巧：学生发生激烈冲突时，不宜当即阻止，也不应任其发展，故排除 A、B。

70. B

此题考查教师如何处理与学生之间的关系。教师对待学生的要求，要不卑不亢，掌握分寸，不能无条件地完全答应。同时，通过这种方式，不仅丰富了课堂活动，而且促进了学生遵守纪律，认真学习。

答题思路与技巧：不讲任何条件，毫无原则的做法一般是错误的，排除 A；退缩、回避的做法一般是错误的，排除 C。

71. D

此题考查的是听力练习方式。根据所听内容完成图表一般用于较长的对话练习或文章练习，内容一般较为丰富。这样的练习形式不适合单句练习。

72. C

此题考查学生的学习能力。综合判断能力包括根据语法结构推测的能力，预测新信息的能力，无视生词的能力等。材料中，学生能辨别语音，听出词语，但听不懂句子，说明对语法的听辨能力不强。

73. D

此题考查教学方式。重点词语和语法点就是学生在听力过程中可能听不懂或出错的地方，也是学生需要特别注意听的地方。

74. C

此题考查写作教学方法。过程写作注重过程引导，鼓励学生对语言运用和文章结构进行反复思考、修改。关注的不是横向比较后个人成绩的高低，而是每个人写作的进步过程。常见的过程写作教学内容以叙议结合的命题作文、非命题作文以及应用文为主。

75．D

此题考查的是过程写作法的具体步骤。过程法分为：写作前期、初稿写作、修改阶段和编辑阶段。选项 D 整理写作提纲，属于初稿写作阶段，这个阶段重点关注文章的内容和结构安排。

76．D

此题考查教师课堂教学处理方法。对于个别学生存在的个别问题，不宜公开处理。教师在处理过程中，要注意保护学生自尊心，私下询问的时候也要注意分寸。

77－79．C E A

此题考查文化适应的过程和结果的影响因素。

期望值影响一个人在目的文化中的思维、态度和行为。如果一个人对目的文化有过高的期望，而现实与期望不符合的时候，就会产生失落甚至沮丧的情绪。

目的文化的知识包括历史、地理、政治和经济制度等客观知识，也包括关于语言交际、非语言交际、行为规范、价值观等主观文化的知识。

文化距离指自身文化与目的文化之间的差异。文化距离越大，个人要超越这些文化差异所需要的努力和资源就越多，所经历的生活变化就越大，体验的心理焦虑也越明显。

80．D

此题考查试卷结构及试题题型。连句成段——将打乱顺序的句子连成一段完整的文章；连词成句——将打乱顺序的词语连成一个通顺的句子。

81．A

此题考查评判教学效果的标准。计算全距：一班 123－88＝35，二班 130－90＝40，通过比较可知，一班学生成绩之间的差异小于二班学生成绩之间的差异，所以一班的总体水平好于二班。

82．B

此题考查测试的分类。成绩测试：是一门课程或课型的测试，目的在于检查学习者在某一课程中的学习进展情况，测试内容限于教学大纲之内，如单元测试、期中期末考试等。毕业考试也属于成绩测试。

83．C

此题考查效度的核心问题。结构效度，又称标准效度、理论效度，是指考试的结果在多大程度上符合我们根据某种理论做出的预测，即我们根据特定的标准来设计试题，学生是否达到了这一标准。它是效度的核心问题，是最重要的效度。

84．A

　　　　此题考查课堂提问的类型。教师的课堂提问大致可分为四类：事实型问题（如问是什么、在哪里等）；推理型问题（如问怎么样、为什么等）；开放型问题（不需要任何推理的问题）；社交型问题（通过控制和要求来影响学生的问题）。

85．D

　　　　此题考查教师课堂提问的方式。教师的提问要有目的性，首先要结合语言点，其次再尽可能贴近生活；教师的提问必须是有效提问，开放型问题虽然能激发学生的学习兴趣，但是教师无法预知学生的答案，因此在初级阶段，应谨慎提出开放性问题；教师的提问要注意把握时间，切不可在一位学生身上花费大量的等待时间，教师可适当提醒或者让学生求助同学。

86．B

　　　　此题考查课堂活动内容应当遵循的基本原则。民主平等原则是课堂管理的主要原则，不是设计课堂活动内容的基本原则。

87－89．B　D　C

　　　　此题考查的是偶发事件的应变策略和技巧。

　　　　将错就错法：是一种故意利用错的事物来对付它自身，以求反败为胜、化被动为主动的方法。

　　　　因势利导法：在了解对方心理和当前的实际情况下，把两者结合起来，有选择地用后者去引导前者，从而达到自己的目的。

　　　　智慧回应法：对于某些课堂矛盾，教师可以适时、适当地利用或幽默或调侃的语言来化解尴尬局面，活跃课堂气氛。

90．C

　　　　此题考查的是传统节日饮食。明代李时珍《本草纲目》上记载道："古人以菰芦叶裹黍米煮成，尖角，如椶榈叶心之形，故日椶，日角黍。"

91．D

　　　　此题考查的是传统民俗活动。D为元宵节传统民俗活动。

　　　　画额：以雄黄酒涂抹小儿额头，认为可驱避毒虫；

　　　　赠扇：避瘟招清风；

　　　　拴五色线：中国古代崇拜五色，以五色为吉祥色，节日清晨，各家大人在孩子手腕、脚腕、脖子上栓五色线。

92．B

　　　　此题考查的是古代诗作经典。B出处为东汉荀悦《申鉴·政体》，A出处为屈原《天问》，C出处为屈原《离骚》，D出处为屈原《九歌·国殇》。

93．C

　　　　此题考查的是四大名砚。山西的澄泥砚属陶类，是四大名砚中唯一一种由泥合成的名砚。

94．A

　　此题考查的是墨的起源。明代科学巨著《天工开物》用插图详细描述了制墨的过程：燃烧松枝生成烟雾，收集烟雾的细微颗粒，配合水、动物胶揉捏成型，经过反复捶打形成墨锭。

95．D

　　此题考查的是文房四宝深层的文化底蕴。《中国文房四宝》体现出文房四宝背后的文化内涵，中国人独特的审美理想和高超的创造能力，中国人的愿望追求和精神情怀，这些都是精神文化的角度。中国社会变迁是历史发展的角度，不是该片创作的关键所在。

96—100．E　A　C　F　B

　　此题考查的是中国地理文化常识。五岳，是五大名山的总称。在我国一般指北岳恒山（位于山西浑源）、西岳华山（位于陕西华阴）、中岳嵩山（位于河南登封）、东岳泰山（位于山东泰安）和南岳衡山（位于湖南衡阳）。

说明：第三部分“综合素质”为情境判断题，考查考生的个人态度倾向，没有统一的标准答案。

仿真预测试卷二

第一部分

1. A

   此题考查造字法。图①中的四个字是"车、女、兔、牛",均为象形字。

2. B

   此题考查造字法。图②是"休"字,人靠在树旁休息,是会意字。

3. C

   此题考查造字法。图③中的"上""下""亦""曰",用抽象符号提示字意,四个字均为指事字。

4. F

   此题考查造字法。图④中的字是"老",是转注字,"转注者,建类一首,同意相受,考、老是也"。

5. C

   此题考查的是汉字字体演变。图②展示了"休"字从甲骨文、金文、小篆到楷体的演变过程。

6. A

   此题考查词的义项。A项中的"休"是动词,停止的意思,B、C、D项的"休"是动词,休息的意思。

7. D

   此题考查的是字音。A项画线字的正确读音为 dàng,B项画线字的正确读音为 dǒu,C项画线字的正确读音为 xié。

8. E

   此题考查语音基础知识。ch〔tʂʻ〕是舌尖后、送气、清、塞擦音。

9. D

   此题考查语音基础知识。g〔k〕是舌根、不送气、清、塞音。

10. F

    此题考查语音基础知识。t〔tʻ〕舌尖中、送气、清、塞音。

11. A

    此题考查语音基础知识。p〔pʻ〕双唇、送气、清、塞音。

12. B

    此题考查语音基础知识。e〔ɤ〕舌面后、半高、不圆唇元音。

13. C

    此题考查"就是"的用法。①句中"就是"作连词,表示轻微的转折,只是、不过的意思。A 项"就是"是连词，表示假设兼让步，有即使的意思。B 项"就是"是副词，强调肯定，表示坚决，不可修改。D 项"就是"是副词，强调肯定某种性质或状态。

14. C

此题考查补语类型。题目中"忙得过来"是可能补语，A 项"办完"是结果补语，B 项"讲得比较好"是情态补语，D 项"学了三年"是时量补语。

15. B

此题考查熟语系统。谚语是广泛流传于民间的言简意赅的短语，它多是口语形式，反映了人民的生活实践经验。"说起来容易，做起来难"属于谚语。

16. C

此题考查会话结构。在会话中，每一个参与者一次连续说的话就是一个话轮，本篇对话一共有 7 个话轮。

17. D

此题考查的是疑问句的类型。"或者是六朝金粉所凝么？"是一个是非问句。是非问结构像陈述句，只是用疑问语调或兼用语气词"呢""吗"等表示疑问，可以用"是"或"否"对整个命题作答。

18. B

此题考查的是词义。"因袭"的意思是继续使用过去的方法和制度等。本句的意思是唱的仍然是以前的歌词。

19. C

此题考查的是修辞格。"袅娜"本是形容姿态优美，②句中用以形容声音动听，以视觉写听觉，运用了通感的修辞手法。

20. D

此题考查语义关系。③句出现"但"这一转折连词，前后分句意思相反，故语义关系是转折。

21. A

此题考查的是短语的结构类型。"灯月交辉"是主谓结构，"无价之宝"是偏正结构，"好为人师"是述宾结构，"粗心大意"是联合结构。

22. B

此题考查的是字音。"俨然"的读音是"yǎnrán"。

23. A

此题考查文学常识。材料选自朱自清的《桨声灯影里的秦淮河》。

24. D

此题考查复句类型。①句出现关联词"如果……，还……"，所以可以判断为假设复句。

25. C

此题考查句式。②句对"视频聊天"和"打电话"进行了比较，故②句为"比"字句。

26. C

此题考查课文主题分析。材料中的对话主要围绕"上网"这一话题，属于个人爱好的范围，最合适拓展的话题是"业余爱好"。

27. A

此题考查的是词汇来源。题目中的"网虫"是新造词。B项是外来词，C项是古语词，D项是外来词。

答题思路与技巧：B、D都是音译外来词，先排除。

28. B

此题考查的是时量补语。①句"一个星期"是数量短语，作"住"的补语，B项"三天"是数量短语，作"开"的补语。

29. B

此题考查的是"至于"的用法。②句中"至于"表示发展到了某种程度，A、C、D项中的"至于"是介词，表示引进另一个话题。

30. D

此题考查紧缩复句的用法。③句"非……不可"表示条件关系，A项"不……不"表示假设关系，B项"不……也"表示让步关系，C项"一……就"表示承接关系，D项"一……就"表示条件关系。

31. B

此题考查"可"的义项。④句中"可"是副词，表示强调。A项"可"是副词，表示疑问；C项"可"是连词，表示转折；D项的"可"是动词，表示适合、符合。

32. B

此题考查"不"的音变。题目中"不小心"的"不"读四声，A、C项中的"不"读轻声，D项中的"不"读第二声。

33. B

此题考查疑问代词"谁"的用法。①句中"谁"是任指，指代任何人。A项"谁"代表疑问，意思是"什么人"；C项"谁"是虚指，指代不能肯定的人；D项"谁"表示疑问，意思是"什么人"。

34. B

此题考查的汉字笔顺和笔画。"蘸"的笔顺和笔画名称如下：

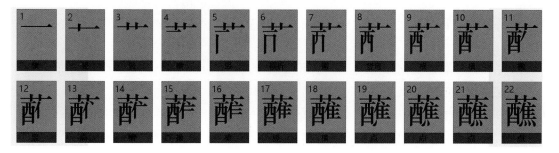

35. A

此题考查"都"的用法。③句中"都"表示已经。B项"都"表示全部，和"是"放在一起用，说明原因；C项"都"表示全部；D项"都"用于表示让步的小句，引出表示主要意思的小句。

36. A

此题考查熟语的意思。"照猫画虎"的意思是照着样子模仿，A项"照葫芦画瓢"的意思与之相近。"有其父必有其子"是说有什么样的父亲就会有什么样的儿子。"狐假虎威"比喻倚仗别人的势力来欺压人。"如影随形"形容两人关系十分亲密。

37. A

此题考查条件复句的类型。"只要……就……"是一个充足条件句，表示有了这一条件就够了。

38. D

此题考查词性分析。材料中"另外"是连词，把同一话题的两个方面连在一起。

39. C

此题考查克拉申语言监控模式的相关知识。"自然习得顺序"是指儿童在习得母语规则和语言项目时遵循一种相似的习得顺序。就某种语言而言，学习者总是先掌握某些语法结构，而另一些则掌握得相对较晚。

答题思路与技巧：题干讲的是习得"顺序"，选项C中有关键词"顺序"，选C的可能性较大。

40. B

此题考查克拉申语言监控模式的相关知识。情感过滤假说指出影响二语习得的三大情感因素是：动机、自信、焦虑。

答题思路与技巧：相对而言，个性不是情感因素。

41. A

此题考查克拉申语言监控模式的相关知识。克拉申的"i＋1"输入假说中"i"表示学习者现有语言水平，"1"表示稍稍高出学习者现有水平的语言知识。克拉申认为学习者情感障碍弱、焦虑低的情况下才能更好地接收输入。不过，输入假说并没有严格标准界定"i＋1"的内容和难度。

答题思路与技巧：绝对化的表述一般是错误选项，排除B、C、D，A的可能性较大。

42. C

此题考查对比分析假说。两种语言结构特征相同之处产生正迁移，两种语言的差异导致负迁移。负迁移造成第二语言习得的困难和学生的错误，这就是对比分析假说的内容。

答题思路与技巧：材料讲的是两种语言的对比，选项C中有关键词"对比"，选 C 的可能性较大。

43. D

此题考查对比分析假说。对比分析假说的提出者是拉多。

44. B

此题考查对比分析假说。这一假说认为第二语言习得的主要障碍来自第一语言的干扰，即负迁移。

答题思路与技巧：材料中的关键句是"在习得第二语言时，学习者已形成了一整套第一语言的习惯，因此就存在第一语言习惯的迁移问题"。找到这个出题点，即可判断答案是 B。

45. A

此题考查的是偏误来源。形容词重叠后不能再用"很"等程度副词修饰，"很马马虎虎"是副词"很"的过度泛化。

46. B

此题考查的是对比分析假说。对比分析假说是听说法、视听法的理论基础。

47. B

此题考查上声变调。两个三声音节相连，前者变为二声。

答题思路与技巧："演"不可能是升调，排除 A、D。

48. A

此题考查动态助词"着"的用法，"放着音乐"中"着"表示动作的持续。

答题思路与技巧：A、B 半同半异，答案在 A、B 中的可能性较大。

49. B

此题考查的是外来词的形式。"冰激凌"是部分音译部分意译词。A、C、D 都是音译词。

50. A

此题考查语法项目水平等级。根据《国际汉语教学通用课程大纲》，材料中动态助词"着"属于三级语法项目。A 项存现句属于三级语法项目，B 项动词谓语句属于一级语法项目，C、D 项属于二级语法项目。

第二部分

51—55. C B D A E

51—55 题考查汉语语音的教学方法。

第 51 题，ü 的发音是汉语语音教学的一个重难点，一般采用带音法先教元音 i。

第 52 题，汉语声母 p、t、k 是送气音，可采用吹纸条法教学。

第 53 题，区分 zh、ch、sh 和 z、c、s，可让学生用咬指法来进行，感受平、翘舌的不同。

第 54 题，声调的学习可以通过五度声调示意图和简单手势教学，给学生以声调的视觉印象。

第 55 题，学习 r 的发音可以使用带音法，让学生发 sh 后拉长、振动声带变成 r。

答题思路与技巧：52 题"将纸条吹起"说明"送气"，选 B；54 题关键词是"声调"，选 A；55 题关键词是 sh、r，选 E。

56—60．A F B D C

56—60 题考查语言测试的评价标准。

第 56 题，简便、经济、容易操作、容易评分，才有可行性。

第 57 题，反映受试者的实际水平才可信。

第 58 题，测出预定要测量的东西才有效。

第 59 题，选拔性考试要求试卷有较高的区分性才能选出需要的人才。

第 60 题，测试给教学以影响，是测试的后效作用。

61．B

此题考查汉语写作教学对象。所选作文题主要任务是组词造句、根据图片内容写作简单记叙文，适合学习汉语 8 个月的初级阶段学习者。

答题思路与技巧：时限、数量、范围等题目一般不选两端，排除 A、D，答案在 B、C 中的可能性较大。

62．D

此题考查写作训练的内容。在扩大词汇量的基础上加强语段练习和语篇练习属于中级阶段的写作重点。

答题思路与技巧：D 相对于 A、B、C 难度明显较大。

63．C

此题考查写作训练的具体注意事项。标点符号有表情达意的作用，写作训练中不能忽视标点符号训练。写作训练的范文分析不求精细，抓住训练重点即可。写作训练后应进行分析评讲，以巩固训练重点。

答题思路与技巧：A、B、D 是否定性表述，C 是肯定性表述。

64．A

此题考查限制性表达训练的具体方法。汉语写作训练常用的限制性写作表达训练有组词成句、连句成段、连段成章等。

65．A

此题考查教材的适用对象。这段课文是简单的叙述体，所讲内容是日常生活范围内的话题，主要词语和语法项目都是初级水平。

答题思路与技巧："无法确定"一般不选，排除 D。

66．D

此题考查词语的教学方法。设置情景法适用于讲解较为抽象的形容词和副词，或者日常习惯用语，"提前"适合用这种方法讲解。

67．C

此题考查语法项目的教学安排。材料中出现"A 比 B＋形容词""A 比 B＋形容词＋得多/一些"等多个"比"字句句型，可见本课重点应该是"比"字句，所以教师应重点讲解。

68．D

此题考查操练语法项目的方法。操练语法的常见方法有：替换、变换、选择、填空、改错、扩展等，题目中设计的语法练习给出了句型基本格式，让学生用不同词语替换相应的部分，属于替换练习。

69．C

此题考查语法教学的注意事项。语法教学中应避免让学生重复练习不自然的、在真实交际中很少使用的语句。这样的练习实用性较差，又浪费了时间。

答题思路与技巧：选项 C，很少用到的句子还反复练，明显不合逻辑或不合常理的表述肯定是错的。

70．D

此题考查教材类型。该教材每课都给出明确的功能项目，内容紧密结合在中国的日常生活，注意培养交际能力，可见功能占支配地位，属于功能－结构型教材。

71．C

此题考查教材适合的教学对象。根据教材目录判断，该教材适合零基础或初级阶段，并且有较强日常交际需求的学习者。

答题思路与技巧："你工作忙吗"是成人话题，排除 A、D。

72．B

此题考查汉语考试的方式。该教材内容主要是汉语日常会话，重在学习者口语能力的培养，所以可以组织学生进行小演讲。

答题思路与技巧：A、C 明显是高级水平的测试方式。

73．B

此题考查教材编写与选用的原则。教材的编写与选用应注意系统性原则，语音、词汇、语法、汉字等要素和听、说、读、写言语技能的安排要平衡协调，循序渐进。此外，应该教规范、通用的汉语普通话。

答题思路与技巧：极端的表述一般是错误的，排除 A、C。

74－78．E　C　A　D　B

74－78 题考查汉语语法的讲解方法。

第 74 题，情境导入法，设置情境引导学生运用所学内容进行口语练习。

第 75 题，动作直观法，通过演示动作过程讲解语法，适用于"把"字句的教学。

第 76 题，归纳法，让学习者先接触具体的语言材料、进行大量的练习，然后在教师的启发下总结出语法规则。

第 77 题，图画直观法，通过图画直观地表现语法内容，适用于趋向补语的教学。

第 78 题，演绎法，先讲清楚语法规则，然后在语法规则的指导下进行大量练习。

79—83. C B E A D

79—83 题考查汉语词语的讲解方法。

第 79 题，母语对译法，将汉语词直接译成母语的对应词，主要适用于语义明确但是下定义比较复杂的基础词汇。

第 80 题，设置情景法，通过典型、具体情景让学生体会词义，多适用于讲解一些较为抽象的形容词和副词，或者一些日常习惯用语。

第 81 题，以旧释新法，用学生已经学过的旧词解释新词，既可以复习已学习的旧词，也可以养成学生积极运用目的语的好习惯。

第 82 题，以反释正法，运用学生已经学过的词语来解释其相反的意思，主要适用于讲解反义词。

第 83 题，例句释义法，利用典型例句，在句子中讲解、体会词语的作用，多适用于讲解抽象的、无所指但是有语法意义的虚词。

84. B

此题考查教学法流派。材料中的教学方法主要通过指令学习语言，通过全身动作的反应来训练理解能力，属于全身反应法。

85. D

此题考查教学法流派适用的课型。全身反应法的总目标是培养学生的口语能力，适用于口语课的教学。

86. C

此题考查全身反应法的不足。全身反应法通过身体动作教授第二语言，主要用于美国移民儿童的英语教育，对成人学习的特点重视不够，对教授语言结构缺乏深刻的认识。

87. B

此题考查课堂导入的方式。观看 1 小时的视频时间太长，不适合用于课堂导入。

88. C

此题考查课堂管理的方法。学生在课堂上犯错时教师应理性面对，不宜与学生正面冲突，也不能视而不见，最好能巧妙地将学生的注意力引入到课堂中来。

　　答题思路与技巧：极端的做法一般是错误的，排除A、B、D。

89. B

　　此题考查课后作业的布置。800字的作文和抄写生词50遍量太大，且与口语技能训练无关；要求所有学生和老师一起去中国餐馆吃饭需考虑学生饮食禁忌和费用问题，且没有明确的语言训练任务要求。

　　答题思路与技巧：极端的和不合常理的做法一般是错误的，排除C、D。

90－93. C　B　D　A

　　90－94题考查著名书法作品的名称。

　　第90题，东汉隶书作品《曹全碑》。

　　第91题，东晋王羲之行书作品《兰亭序》。

　　第92题，唐代张旭草书作品《古诗四帖》。

　　第93题，唐代欧阳询楷书作品《九成宫醴泉铭》。

94. C

　　此题考查中国名茶的名称。中国名茶包括杭州龙井、苏州碧螺春、云南普洱、安溪铁观音、庐山云雾等，没有云南铁观音的说法。

95. A

　　此题考查"天下第一泉"的具体内容。"天下第一泉"有江西庐山谷帘泉、江苏镇江中泠泉、北京玉泉、山东济南趵突泉四处。

96. D

　　此题考查茶马古道的相关内容。茶马古道起源于唐宋时期的"茶马互市"，主要分南、北两条道，即滇藏道和川藏道，主要活动范围在中国西南地区。

97. D

　　此题考查国画的载体。古代字画一般以纸、绢、帛、扇、陶瓷、碗碟、镜屏等为材料载体，不包括丝绸。

98. C

　　此题考查不同朝代的国画发展情况。宋代以科举考试吸收画家，形成"院体画"，题材多为山水、花鸟，作品多供帝王观赏。

99. B

　　此题考查古代名画的内容。《步辇图》以贞观十五年（641）吐蕃首领松赞干布与文成公主联姻的历史事件为题材。

100. D

　　此题考查民国时期的著名国画家。徐志摩是现代诗人、散文家，代表作是《再别康桥》；李叔同是音乐家，代表作《送别》；丰子恺是著名漫画家，代表作《子恺漫画》；张大千是著名国画家，代表作有《荷花图》《长江万里图》等。

说明：第三部分"综合素质"为情境判断题，考查考生的个人态度倾向，没有统一的标准答案。

仿真预测试卷三

第一部分

1—4. A C E B

　　1—4题考查汉字的造字法。臣，象形字。甲骨文字形像一只竖立的眼睛。人在低头时，眼睛即处于竖立的状态，因此表屈从之意。亦，指事字。在人的身体两侧加指事符号，表示两腋所在，其本义即为人的腋窝。祖，形声字。从示，且（jū）声。家，会意字。房子里有一头猪，表示家。

5. B

　　此题考查汉字字体演变。带"?"的四个字字体与小篆的特点相符合，主要表现在：字形呈长方形；笔画横平竖直，转角以圆为主，粗细基本一致；讲究平衡对称。

6. A

　　此题考查"亦"的字义。A选项中"亦"为副词，表示"又"。B、C、D选项则表示"也，也是"。

7. C

　　此题考查汉字的音变。两个上声音节相连，前一个调值从214变成35。

8—12. A B A B C

　　第8题，考查声调的作用。"睡觉"和"水饺"的声调不同，意义也不同，这说明汉语的声调有区别意义的作用。

　　答题思路与技巧：A、B表述方式一致，答案在A、B中的可能性较大。

　　第9题，考查复元音韵母的国际音标。普通话韵母"ui"的国际音标应该注为［uei］。

　　第10题，考查辅音的发音部位及发音方法。普通话辅音"sh"的发音部位和发音方法是舌尖后、清、擦音。

　　答题思路与技巧：A、C半同半异，答案在A、C中的可能性较大。

　　第11题，考查音节的拼写规则。正确的拼写形式应是：A. jī'è（饥饿），C. Lǐ xiānsheng（李先生），D. gāngān-jìngjìng（干干净净）。

　　第12题，考查/a/的音位变体。"包"中的ɑ舌位靠后，记做［ɑ］；"掰"中的ɑ靠前，记做［a］；"挖"中的ɑ叫做"央ɑ"，记做［A］；"烟"中的ɑ舌位比"掰"中的ɑ舌位高一些，记为［ɛ］。

13. D

　　此题考查"就"的不同义项。"说了几句话就进了厨房"中"就"为副词，表示动作紧接着，有立刻、马上之义。A选项中"就"表示事情发生得早。B选项中"就"表示"只，仅仅"。C选项"只要……就……"中，"就"是连词。

14．D

此题考查近义词辨析。"马上"和"连忙"均为副词，都可以在句中充当状语。"马上"作状语，可以修饰心理动词、状态动词和行为动词，也可以修饰形容词，而"连忙"只能修饰行为动词。

答题思路与技巧：C、D矛盾，答案在C、D中的可能性较大。

15．B

此题考查对韵母四呼的理解以及声韵母拼合的规则。"准""尝""手"的声母分别是 zh、ch、sh，只能同开口呼（如 a、e 等）和合口呼（如 u 等）相拼。

16．D

此题考查汉语句式的判定。兼语句是由兼语短语充当谓语或独立成句的句子。兼语短语由动宾短语和主谓短语套叠在一起构成，动宾短语的宾语兼作主谓短语的主语。材料中前一个动宾短语中的宾语"你"同时充当了后一个主谓短语中的主语。

17．C

此题考查"一"的变调。选项 A、D 中，"一"在去声前，变为 35 调。选项 B 中，"一"在词句末尾，声调不变，为 55 调。选项 C 和题干中的变调一致，在非去声前变为 51 调。

18．C

此题考查复句表示的语义关系。"不是……就是……"表示选择关系，属于未定选择中的限选关系，二者选一，非此即彼。

19．B

此题考查"把"字句中宾语与动作的关系。B项宾语为动作的施事，其他选项中宾语为动作的受事。

20．C

此题考查汉语补语类型的判定。"玩儿得高兴"属于情态补语，A选项为可能补语，B选项为程度补语，D选项为结果补语。

21．B

此题考查汉字笔顺和笔画名称。"敏"字笔顺为撇、横、竖折、横折钩、点、横、点、撇、横、撇、捺。第五画为点。

22－26．A E B D C

22－26题考查汉语复合词的结构类型的判定。

复合词类型	组合规则	例子
联合式	两个意义相近、相关或相反的语素并列组合而成。	斗争、质量

复合词类型	组合规则	例子
主谓式	前后词根是陈述和被陈述的关系，后一词根陈述前一词根。	年轻、面熟
偏正式	前一个词根修饰、限制后一个词根，整个词义以后一个词根为主，前一个为副。	主席、广播
述补式	后面一个词根作为一种结果状态补充说明前面一个动词性词根，这类构造的复合词大都是动词。	揭露、说服
述宾式	前后词根之间的关系是支配和被支配的关系。前一词根表示动作、行为，后一词根表示动作、行为支配的对象。	烤鸭、聊天

27．B

此题考查数词和量词的特点及用法。度量词是表示度量衡单位的量词，包括长度、质量、体积、时间、货币等。"座"属于个体量词。

28．A

此题考查成语的构造方式。"名胜古迹"为联合短语，第二层次的"名胜"和"古迹"均为定中式偏正结构，与其完全相同的是 A"镜花水月"。"异想天开"是述宾短语，"近水楼台"是偏正短语，"守株待兔"是联合短语，但第二层次"守株"和"待兔"均为述宾式。

29．B

此题考查兼语句的判定。在该句中，"我"既是"问"的宾语，又是"喜欢"的主语。

30．A

此题考查多音字"得"。"得"一共有 dé、děi、de 三种发音。"觉得"和"办得到"中的"得"读音均为"de"。"得到"和"得劲"中的"得"读音均为"dé"。"得注意"中的"得"读音为"děi"。

31．B

此题考查修辞的运用。"这些树已经成了南京的城市'名片'"使用的是比喻辞格中的暗喻。暗喻直接将本体等同于喻体以描写或说明本体的比喻类型，常用"是""成为"等动词联结本体和喻体。

32—35．B B B A

32—35题考查第二语言习得理论中"监控模型"理论的基本知识。

第 32 题，"i+1"理论来源于克拉申的"监控模型"理论中的输入假说。

第 33 题，"监控模型"理论中，除了输入假说以外，还包括习得与学习假说、监控假说、自然习得顺序假说和情感过滤假说。

第34题，克拉申的输入假说包含两层意思：人类获得语言的唯一方式是对信息的理解，即吸收可理解性的输入；输入的语言信息既不要过难也不要过易，即"i＋1"。

第35题，19世纪70年代，克拉申和特瑞尔提出自然教学法，以输入假说理论为基础，注重培养学生的交际能力，强调可理解性的输入，让学生在轻松愉快的氛围中学好外语。

36—40．D C A D A

36—40题考查第二语言学习者的个体因素特点。

第36题，"关键期假说"由列尼博格提出，故A项错。B选项中，关键期是指大脑语言功能向左侧化的时期。C选项中，成人主要通过学习的方式获得语言，儿童主要通过习得的方式获得语言。

答题思路与技巧：B、D中都有关键词"时期"，与题干中"关键期"一致，答案在B、D中的可能性较大。

第37题，元认知策略指对自己认知过程的了解和控制策略。比如能制定学汉语的目标计划，善于规划时间，并进行自我评估。出现错误后，能自我总结，在反思中提高。

第38题，"工具型动机"的特点是学习者希望通过利用第二语言达到自己的目标，侧重语言学习的实际价值和好处。

第39题，冲动型认知方式表现为在学习中反应敏捷，善于进行语言交际活动，听说能力较强，在课上十分活跃，但很容易出错，在短时间内取得好成绩但不是很稳定。

第40题，语言学能由卡罗尔提出，包括语音编码解码能力、语法敏感性、强记能力和归纳能力。其中语音编码解码能力，即识别语言成分并保持记忆的能力。日本留学生辨别送气音和不送气音时运用的主要是识别语言成分的能力。

41—45．A C D B D

41—45题考查"对比分析"理论的相关内容。

第41题，对比分析的心理学理论基础是行为主义心理学的迁移理论。迁移理论是指一种学习对另一种学习的影响，这一影响不仅存在于经验内部，也存在于不同经验之间。对比分析假说认为第二语言的获得也是通过刺激、反应、强化而产生习惯，学习者在学习第二语言时会借助第一语言的一些规则，这些规则有可能会对第二语言的学习产生干扰，也就是负迁移。因此对比分析假说主张对第一语言和目的语进行共时对比，从而确定二者的相同点和不同点，预测学生有可能会出现的错误。

第42题，普拉克特提出的"难度等级模式"中"阻碍性干扰"产生于第四级，即目的语中的某个语言项目，在其第一语言中没有相应的项目，学习者在习得这些全新的项目时会产生阻碍性干扰。

第43题，对比分析大体按照以下顺序进行：（1）描写，对目的语和学习者的第一语言进行详细的、具体的描写，作为对比的基础；（2）选择，在两种语言中选择进行对比的某些有意义的语言项目或结构；（3）对比，对两种语言中选择好的语言项目或结构进行对比，找出两种语言的相同点和不同点；（4）预测，在对比的基础上对第二语言学习者在学习中可能出现的困难和发生的错误进行预测。

第44题，A、C、D都是以英语为第一语言的学习者产生的负迁移。A中 fat 在英语中既可用于指人，也可用于指动物或肉类。C中 to marry 是及物动词。D中英文"to"与中文"到"不是一一对应关系。B句"我学习法语"和"I study French"形式相同，属"正迁移"。

第45题，A、B、C均是对比分析假说的意义。D"不涉及学习者实际语言表现"是对比分析假说的局限性。

46—50. A B A A A

46—50题考查古今词义的相关内容。

第46题，"行李"古代指外交使节，指人不指物。今指出行时携带的东西，指物不指人。

第47题，此题主要考查古今词义变化的类型。"虫"古义是对动物的总称，后专指昆虫。其变化类型属词义缩小，与B项类型一致。A项变化类型属词义扩大。C项属于古义轻今义重。D项变化类型属词义转移。

第48题，"锻炼"古义有玩弄法律诬陷人的意思，用作贬义，今义则用为褒义，如"锻炼身体"。"谤"古义指背后议论人，今义指诽谤、诬陷人。"侵"古义指不宣而战，无正义非正义之分，后指非正义的侵略、侵犯。"谤"和"侵"的词义均由中性变为贬义。"祥"古义指吉凶的征兆、预兆，为中性词，后指吉祥，为褒义。

第49题，《尔雅》是我国第一部按照义类编排的辞书，按照十九项内容类别分为十九篇。

第50题，抢，现代是"抢劫"的意思，古义为"撞、触"。

第二部分

51—55. B A D F C

51—55题考查影响语言学习的个体因素。

第51题，做一些有关归纳的活动，主要是培养学生的语言学能。

第52题，将性格外向的学生安排到每个小组中是考虑到学生性格对课堂气氛的影响。

第53题，提前和跟不上的学生约定好主要是为了减弱他们的焦虑感。

第54题，转换角色的讨论让学生增进了对中国的了解与理解，无形中加速了他们文化适应的进程。

第55题，学生通过角色扮演，加强了对相应的社会环境和语言现象的认知。角色扮演可以运用于学生不同的认知阶段。

56—61. D F B E A C

56—61题考查常用的六种纠错方法。

第56题，教师向学生表明其回答难以理解或存在错误，要求重新表达，即要求澄清。

第57题，教师直接指出学生回答中的错误并提供正确形式，即明确纠正。

第58题，教师向学生提供了专业讲解，让学生清楚自己的语言错误，即提供元语言知识。

第59题，教师重复了学生的错误以引起学生注意，且带有一定的语调，即重复。

第60题，教师通过提问、停顿等诱导学生更正自己的语言错误，即诱导。

第61题，教师用正确的形式重新表述学生的回答，同时保持意思不变，即重铸。

62—65. B D A C

第62题，考查词汇教学的方法。跟特定的文化生活或者语言环境关系很密切的词，我们就可以借助一些图片或实物展示，让学生理解起来更直观，如"广告""读""郊区"等词，而"办"意思较为抽象，很难直观展示出来。

第63题，考查教学活动的运用。"Bingo"既让学生听写了生词，又让学生将这些词语听了两遍，这样对记忆词汇更直接、有效。其他几个选项主要练习了学生的听力、口语等语言技能，且相对难度较大，不太适合初级阶段。

第64题，考查趋向补语的基本知识。动词的宾语是处所词时，结构为：动词＋处所宾语＋来/去，如"到中国来""回美国去"。

第65题，考查教案的主要内容。复习旧课、导入新课、讲解新课、巩固新课和布置作业是教学过程中的五大环节。

答题思路与技巧：C、D半同半异，答案在C、D中的可能性较大。

66—70. D C B B D

第66题，考查国际汉语教师的基本素养。作为一名国际汉语教师，掌握汉语基本知识与技能是做好汉语教师的基础，同时也必须了解一些心理学和教育学的相关知识。为减少学生质疑知识不足、能力不够的情况发生，新手教师应提前做好知识的储备。

第67题，考查教师的职业价值观。奉献型教师职业价值观是教师把自身职业当作一种对社会的奉献，这种老师往往更具有责任心，对学生关怀备至，真诚无私。

第68题，考查教师的职业道德。国际汉语教师的职业道德总结为：热情、博爱、公正、责任心、合作发展、终身学习。公正是指国际汉语教师在教学中以公正的态度对待学生，关心和爱护每一个学生。老师对个别学生的偏爱违背了公正平等的原则。

答题思路与技巧：材料④中有关键词"公平"，对应选项B"公正"。

第69题，考查的是"反思性教学"的内容。教师对自己的课堂教学活动进行录像，课后观看并记录对教学活动的想法，随后对录像转写并进行分析和总结，这是"反思性教学"中的"刺激性回忆报告"，即回顾自己的教学过程并进行分析总结。

第70题，考查对外汉语课堂教学的基本原则。主要有精讲多练原则、讲练结合原则、突出语言教学特点的原则、以学习者为中心的原则。汉外对比对教师的要求相对较高，不是新手教师必须遵守的基本原则。

71—76. C D C C B C

第71题，考查课堂管理的相关内容。制订课堂规则的目的之一是控制与调整学生的行为，保证课堂教学顺利展开。

第72题，考查口语教学的相关内容。"多听正确的发音"只能让学生的语音或听力更好，对学生主动表达，提高学生的开口率没有太大的作用。

第73题，考查的是纠音方法。带音法是指用已经学过的音或学生母语中有的音带出另一个发音部位或发音方法相关的新音素，或者用一个容易发的音带出另一个难发的音。教 r 时，可以先从简单一点的 sh 入手，利用 sh 的发音部位，拖长 sh 的音程，振动声带使音由清变浊，便可发出 r。

第74题，考查的是操练句子的方法。问答练习可以是教师问，学生答，也可以让学生之间互相问答。一个学生回答后，教师还可让某位同学或大家重复一遍答案，以使学生集中注意力和给大家更多练习的机会。做问答练习时要求学生必须用上指定的词或语法。

第75题，考查的是语言技能教学的课堂管理对策。语言技能一般指听说读写，题目中的⑤是指语音教学，⑥是字词教学。

第76题，考查的是在跨文化交际中，中西方馈赠礼物的差异。在日本、韩国、法国，送菊花是不吉利的，因为菊花是葬礼上用的。大多数文化中送礼的数目是单数。中国人接到礼物后往往把礼物放在一旁，不做任何评论。

77—80. A B A D

第77题，考查的是偏误的形式。"误加"是在不应该使用某一词语或句法成分的地方使用了该词语或句法成分。②"每"说明经常性的情况时不用"了"。⑥"又……又……"中形容词前不用"很"。⑩名词前有数量时后面不加"们"。

第 78 题，考查的是中介语的发展过程。科德把偏误分为三类，其中前系统偏误指目的语的语言系统形成之前的偏误。学习者正处于摸索的阶段，尚未完全掌握目的语的规则和系统，因此属于前系统偏误。

答题思路与技巧：B、D 相反，答案在 B、D 中的可能性较大。

第 79 题，考查对偏误的辨析。"你这条裙子在哪儿买了？"是误用。强调已知信息的局部未知点应该用"的"，却误用成"了"。"他去海口，关于简妮，我不知道。"也是误用，提及另一话题，应用"至于"，却误用成"关于"。B 项没有出现错误；C、D 项是错序。

第 80 题，考查对偏误采取的对策。对于学生出现的偏误，任其发展会强化学生的错误；过分干预，会影响学生的积极性。正确的做法是根据情境，适时讲解哪种表达更合适，强化正确记忆。

81—84. D C D C

第 81 题，主要考查使用多媒体教学的优点。选项 A、B、C 是使用 PPT 教学的突出特点。选项 D 将教学内容结构化，帮助学生理清思路，提炼教学重点是板书的突出特点，不属于多媒体教学。

第 82 题，主要考查任务型教学法。即把语言教学与学习者在日常生活中的语言运用结合起来，让学习者面对真实的生活环境和社会环境，完成一个个具体的任务，从而习得语言知识和能力。

第 83 题，主要考查教材编写和选用的原则。教材选用原则一般概括为"五性"：针对性、实用性、科学性、趣味性、系统性。

第 84 题，考查的是教师应对课堂非预设事件的能力。非预设事件也是一种可以利用的课堂教学资源。与当下教学无关的随机非预设事件，例如天气变化、电器故障、学生非学习行为（迟到、早退、拍蚊子、讲闲话）等，一旦与语言学习发生关联，并用于教学，就可以成为教学资源，显现其价值。

85—89. A D A C D

85—89 题主要考查"丝绸之路"的相关内容。

第 85 题，"陆上丝绸之路"起源于西汉，以都城长安（今西安）为起点，向西经河西走廊至亚洲中西部及非洲、欧洲等地。

第 86 题，最早见于史书记载的古代"海上丝绸之路"的航线是《汉书·地理志》所记的从西汉帝国的南疆到达印度洋的海路。

第 87 题，"丝绸之路"的开通，使中国的丝绸、刺绣、陶瓷和其他绚丽多彩的工艺产品被运往中亚及欧洲，而异域的核桃、蚕豆、胡萝卜、葡萄酒和多姿多彩的音乐、舞蹈、绘画也在汉唐社会中产生了广泛的影响。"指南针"作为中国古代四大发明之一，同类的辨别方向的仪器战国时已产生，汉唐时期已得到广泛应用。

第 88 题，禅宗祖师达摩经海路到达广州，然后才逐渐北上，进入少林寺修行。

第89题，2015年6月匈牙利成为第一个确认加入中国倡导的"一带一路"的欧洲国家。

90—93. B A B B

第90题，主要考查语言测试的基本要素。测试的客观性是指测试是否能够反映被试相应的语言能力。

第91题，主要考查语言测试的种类。国家汉办的汉语水平考试（HSK）属于水平测试。

第92题，主要考查对外汉语教学测试的基本步骤。设计、实施和评价是先后连贯的具体操作步骤，确定目的要求和范围内容是前提基础。

第93题，主要考查语言测试的评价标准。一个外国学习者在几次学业测试中，得到的分数基本上是相近的，说明这样的测验稳定可靠，能排除偶然性，其信度较高。

94—97. A B C D

94—97题主要考查与"教育"相关的文化内容。

第94题，"教"是会意字，它的甲骨文写作"𡥉"。B是"教"的小篆写法，C是"孝"的金文写法，D是"育"的金文写法。

第95题，最早把"教育"二字连起来使用的是孟子。《孟子·尽心上》说："得天下英才而教育之。"

第96题，所谓"束修"，就是古代学生与老师初次见面时敬奉的礼物。孔子时已有此礼，"束修"即一捆干肉，后以"束修"代指拜师费、学费。

第97题，清代学塾教育的教学方法主要是个别教授。A、B、C都是学校教育，主要采用集体教学的形式。

98—100. D C A

98—100题主要考查崇尚和禁忌文化。

第98题，"放灯三日"为避讳，说成"放火三日"是改字的做法，即换用与所避之字意义相同、相近或相关的字。"缺笔法"是对所避之字的最后一笔不写。

第99题，中国古代建筑以南向为尊，西向次之，东向又次之，所以古建筑中的正房、主殿、大门，只要地形许可，都是坐北朝南的。

第100题，青龙、白虎、朱雀、玄武是中国古代神话传说的四大神兽，称为四灵。中国古代的五行家按阴阳五行给不同方位配上颜色并与四灵相配，即东为青色，配青龙，西为白色，配白虎，南为朱色，配朱雀，北为黑色，配玄武。

说明：第三部分"综合素质"为情境判断题，考查考生的个人态度倾向，没有统一的标准答案。

1